日本国際教育学会紀要

ISSN 0918-5364

国 際 教 育

2022年

第 28

JN075155

Journal of International Education No.28

日本国際教育学会

JAPAN INTERNATIONAL EDUCATION SOCIETY

表紙写真

Khmer Characters in a Primary School
Classroom, Kingdom of Cambodia
(Photo by Yuri Ishii)

Primary School, Siem Reap,
Kingdom of Cambodia (Photo by Yuri Ishii)

Primary School Children, Siem Reap,
Kingdom of Cambodia (Photo by Yuri Ishii)

Provincial Teacher Training Center,
Siem Reap, Kingdom of Cambodia
(Photo by Yuri Ishii)

国際教育
第 28 号
Journal of International Education

CONTENTS

サウジアラビアの小学校英語教育
―教科書の文化の扱いに着目して

杉野 知恵
（お茶の水女子大学大学院）

〈キーワード：カリキュラム／教科書比較／外国語教育／イスラーム／相互文化意識〉

1. はじめに

　サウジアラビアにおいて英語教育は長らく母語のアラビア語やイスラームへの脅威とみなされてきたが（Alrashidi & Phan 2015；Alshammari 2015）、近年はグローバル化や同国が目指す石油依存から知識基盤社会への移行を背景に、コミュニケーション手段としての英語の重要性が認識されるようになる（Aldawsari & Karakaş 2021；Alotaibi 2014；Alshahrani 2016；Alshammari 2015；Mitchell & Alfuraih 2017）。2003年以降、同国では小学校での英語教育の段階的導入が模索され、2021年には英語科授業の開始が小学1年生まで引き下げられた。

　コミュニケーションを目的とする国際言語としての英語という観点からは、多様性を認め合う寛容さや「他者を理解しようとする意志と能力」が重視され（本名2013, p.17）、このような能力の育成を念頭に置いた英語教育が小学校ではのぞましいとされる（松本 2017）。また、外国語学習においては、言語習得のみならず、対象言語が話されている地域をはじめとする外国の文化に対する理解も重要な要素であり、初等教育時から文化の学習も取り入れていく必要がある（バイラム2015）。しかし、イスラームが政治や社会に強い影響力を持つサウジアラビアの宗教文化が、キリスト教思想に根差す英語圏（特に欧米英語圏）文化と異質であることは想像に難くない。実際、サウジアラビアの英語教科書は、多様性や外国

文化を学ぶといった視点よりも、同国の宗教文化や伝統的価値観との整合性を優先して編纂されてきた（Alrahaili 2019；Alshammari 2015；Mitchell & Alfuraih 2017）。

　本稿では、これまで日本においてはほとんど注目されてこなかったサウジアラビアの英語教育、とりわけ小学校英語科を取り上げ、宗教文化的な影響が大きい同国の英語教科書が英語圏や外国の文化をどのように扱っているのかを考察する。まず、第2節でサウジアラビアと同国の英語教育を、第3節で同国の英語科カリキュラムにおける外国語学習と文化についての考え方を概観し、第4節で2021年の小学1年生から同4年生が共通して使用している同国版英語教科書と、その国際版を比較する。最後に同国の英語教育のあり方にも影響を与えうる社会の最近の変化を紹介し、今後の研究課題に触れたい。

2. サウジアラビア概況

2.1　教育制度・教育政策

　中東の紅海とペルシア湾に挟まれたアラビア半島の中心に位置するサウジアラビアは、イスラームの二大聖地であるメッカとメディナを擁し、国王は「二聖モスクの守護者」を名乗る。聖典クルアーン及びスンナ（預言者ムハンマドの慣行）を憲法とするイスラーム国家であり、数百万人の出稼ぎ外国人の中には非ムスリムもいるものの、国民はすべてムスリムとされる（福田 2009, p.394）。サウジアラビア人の多くは信心深く（Alrahaili 2019；Alrashidi & Phan 2015）、「サウジアラビア国民」意識よりもムスリムとしてのアイデンティティが第一にあるといわれる（中村 2015, p.95）。

　サウジアラビアの教育制度は、日本と同様に、小学校6年、中学校3年、高等学校3年、大学4年であり、義務教育は小・中学校の9年間である。新学期は8月下旬にはじまり、2021年からは従来の2学期制から1学期13週の3学期制に変更された（サウジアラビア教育省ウェブサイト）。公立の小・中・高校と国立大学の授業料は無料である。小学校から男女別学で、女子学校の教員は女性である（大学では、男性教員が仕切りの向こう側で女子学生からのみ見える状態で授業を行う場合もある）。教授言語は公用語であるアラビア語で、大学では英語も

用いられている。同国の教育に関して特筆すべき点として、1992年に制定された統治基本法第13条が掲げる理念が挙げられる。そこでは、すべての若者の心にイスラームの信条を植え付け、知識と技術の習得を促し、社会に貢献する一員になるための準備をし、祖国を愛し、その歴史に誇りを持つようにするのが教育の目的だとされている[1]。

　現在、サウジアラビアは、2030年までの経済改革計画である「ビジョン2030」を政策の基軸として経済社会改革を進めている。ビジョン2030は、石油に過度に依存しない国造りを目指し、「活気ある社会」「成長する経済」「意欲的な国家」という3つの柱のもと、社会の構成員が、イスラームの原則である中庸に則って、国民としてのアイデンティティと古くからの文化的伝統に誇りを持ち、社会保障と医療制度に守られ、家族とともに良好な環境で生活ができる社会の実現や、市場のニーズに合致した教育制度の整備などを謳っている（KSA 2016）。教育に関しては、早期教育と経済成長を支える人材の育成を重視している。

2.2　英語教育

　サウジアラビアに外国語としての英語（English as a Foreign Language, EFL）教育が導入された1920年代当時、社会の抵抗は大きかったという（Alshahrani 2016）。1930年代に石油が発見され、石油生産を介して米国との関係が緊密化すると状況は変わる。英語は、サウジアラビアの経済・社会にとって重要な意味を持つようになり、同国の国際的、経済的、政治的なコミュニケーションを促進し、個人のキャリアを向上させるうえでも役に立つツールとして認識されていく（Alotaibi 2014）。サウジアラビアの英語教育は、語学の習得がより良い仕事や待遇と直結しているという実利的な動機に支えられてきた（Alshahrani 2016）。

　しかし一方で、唯一絶対神のアッラーがムハンマドに啓示を伝えるために選んだ、クルアーンの言語であるアラビア語の権威、先祖以来の血のつながりを誇る部族伝統の重視、西欧のルネッサンスの基礎となったアラブ・イスラーム帝国の歴史遺産への誇りなどに特徴づけられるサウジアラビアの社会文化において、イスラームは大きな影響力を有している（Alrahaili 2019；Alrashidi & Phan 2015；中村 2015）。このため、同国の公教育での英語教育は、社会に深く組み込まれたアラビア語の優位性を維持したいという文化・宗教上の伝統と、科学技術などの

発展に資する、あるいはコミュニケーション・ツールとしての英語の実用的な価値を認識し、戦略的に英語教育を利用しようとする教育省の政策思考とのバランスの上に成り立っている（Alotaibi 2014；Alrahaili 2019）。その結果、同国ではムスリムにとってのタブーを排除した、カリキュラムのイスラーム化による英語教育が模索されてきた（Alrahaili 2019）。

　公教育での英語教育は、1970年に7年生（日本の中1）から始まり、12年生（同高3）までの6年間とされてきた。その後、石油依存を脱し、知識基盤社会への移行を目指す同国の改革路線を踏まえ、2004年には小学6年生から英語が必修とされた（当初は6年計画で最終的に小学1年生から英語を必修化する予定だった）。しかし、この試みは英語教師不足などの理由[2]により1年で頓挫し、改めて2011年から4年生以上を対象に英語教育が導入され、2021年には開始学年が小学1年生まで引き下げられた。この一連の動きは、ビジョン2030を踏まえた現在のサウジアラビアを取り巻く教育改革において、幼少期からの英語能力の育成を同国政府が重視している証左といえる。審議会などでの諮問を経て教育政策が検討される日本と異なり、国王が行政機関の長として国家政策に関する権限をもち（統治基本法第55条〜58条）、トップダウンで方針が決定され、その迅速な実施へのプレッシャーがかかる同国では、現場の準備や体制整備が追い付かず、上記のような混乱もみられる。

2.3　カリキュラムと教科書

　サウジアラビアの英語科では、教育省が監修する教科書が「事実上のカリキュラム」とされている（Aldawsari & Karakaş 2021；Alqahtani 2019）。教科書には教師用指導書が用意され、教育省が別途シラバスを作成し、週ごとの学習内容を指示している。小学校での英語教育導入以来、教科書は国際的に展開する出版社[3]との契約に基づき同国向けに編集されたMacmillan Education社のGet ReadyシリーズとMM Publications社のSmart Classシリーズなどが採用されていたが、小学1年生からの英語教育が始まる2021年には、McGraw Hill社のWe Can!シリーズに全土で統一された（MoE 2020）。同年度は初めて英語を学ぶ小学1年生から4年生が同じ教科書を使用している（表1）。現在の小学1年生が進級するに従い、"We Can! 3 & 4"、"We Can! 5 & 6"へと移行することは予想で

表1　2021年度の学年別使用教科書

学年	1学期	2学期	3学期
1～4	We Can! 1	We Can! 1 & 2	We Can! 2
5	We Can! 3	We Can! 3 & 4	We Can! 4
6	We Can! 5	We Can! 5 & 6	We Can! 6

（教育省ウェブサイトなどを参考に筆者作成[4]）

きる。しかし、その先の4年次にどの教科書を用いるのかは、現時点では不明である。

　また、同国のカリキュラム指針としては、基本政策であるビジョン2030の方向性に沿って、2018年、首相（国王が兼務）直属機関の教育・訓練評価委員会（ETEC）が教育省をはじめ関係部局とともに、これまでのナショナル・カリキュラムや外国の優良事例を参照にして「カリキュラム基準のナショナル・フレームワーク」（National Framework for Public Education Curricula Standards、以下「NF」）を策定している。NFは、公教育におけるカリキュラムを教科横断的に方向付ける「理論的、手続き的な参照文書」（ETEC 2018, p.14）であり、同国のカリキュラムを設計し、実践し、評価する際の基礎となる柱として、イスラーム、アラビア語、国家とそのリーダシップへの忠誠、王国の地理と歴史、ビジョン2030などの10の項目を挙げている。必修学習領域として、イスラーム教育、アラビア語、数学、科学、社会、英語、デジタル技術、美術、保健が定められている。

　英語に関しては、NFよりも先行する2013年に「小学校から中等、高等学校までの英語科カリキュラム」（English Language Curriculum for Elementary, Intermediate and Secondary Schools、以下「ELC」）が策定されている[5]。ELCは、小学4年生から12年生（高校3年生）に共通する指針として、カリキュラムの原則、目的、目標、習熟度のレベル、コミュニカティブ・アプローチの考え方、文化的な事項（次節で触れる）、評価について述べ、そのあとに、小、中、高それぞれのカリキュラム目標、学年ごとの学習目標（4技能の到達目標）などが続く。最後に補遺として、サウジアラビア王国とイスラーム文化に関連する参考トピックと各学年に対応するヨーロッパ共通言語参照枠（CEFR）レベルや国際的な英

語検定試験の点数、語彙レベルなどの一覧が掲載されている。しかし、ELCは対象となる9学年分が80頁弱でまとめられており、各学年の学習内容としては、適切なトピックや語彙の範囲、文法事項などの項目を列挙する程度である。したがって、具体的な指導要領としてはシラバスと教師用指導書が参照されている。

3. 外国語としての英語（EFL）と文化

　言語は文化と密接に関係しているため、外国語教育において対象言語圏の文化を切り離すのは難しい（Baker 2012；バイラム 2015）。また、国際言語としてさまざまな文化的文脈において英語が使われるようになると、英語の母語話者や英語圏の文化だけでなく、より幅広い文化的文脈における英語使用に対する理解が求められる（Baker 2012）。そこでEFLでは、相互文化意識（intercultural awareness）、すなわち、文化に基づく表現形式、習慣や理解の枠組みが文化間のコミュニケーションにおいてもつ役割に対する自覚的な理解とそれらの概念を柔軟かつ特定の文脈に沿ったやり方で実際のコミュニケーションにおいて用いる能力が重要となる（Baker 2012, p.66）。国際言語としての英語によるコミュニケーション能力には、「言語が異なり、行動様式や信条や世界についての共通理解が違う、つまり文化の違う他の国に行って住む際に起きることをもっと考慮に入れ」るべきであり、このような「相互文化的能力の育成」は、小学校の外国語教育においても目標にする必要がある（バイラム 2015, p.81）。なかでも、「他の文化に対する開放性と好奇心に満ちた態度」は、低学年から育成するのに適している（バイラム 2015, p.85）。さらに、バイラム（2015）は「文化的側面を除外した外国語学習」は、「子どもたちが自分の言語と外国語の関係を単純なものと思い込み」、その結果、「『他者性（otherness）』の体験を持つことができない」という危険性を指摘し（p.80）、小学校の外国語の授業では、他の言語や外国の文化との比較を行うことにより、「ある現象について他の国のそれに対応する現象を発見したり」、「自分たちの社会とそこで行われる実際の行動や成果が他の国でどのように見られているのかを発見したり」といった「態度と発見と相互交流のスキル」が重要だという（p.89）。
　一方、サウジアラビアの英語教育では、イスラームの価値の維持・普及と学問

的発展やコミュニケーションのためのツールとしての英語運用能力という実用的な意義が重視され、ELCにおいても同様の方向性が踏襲されている。ELCは、学習者が「意味のある文脈で英語を使えるようにすること」と「自らの考えを流暢に、正確に自信をもって伝える能力を構築すること」を英語科カリキュラムの全体目標（general aims）として定め、その直後に英語のコミュニケーション能力の発達を通して学習者が到達すべき6つのゴールを掲げている（ELC, p.9）。

> ゴール1：国際理解と寛容を促進するため、イスラームの教義を説明できる
> ゴール2：イスラームを唱道し、その普及に参加できる
> ゴール3：相互文化理解と国どうしの敬意を促すことができる
> ゴール4：学問・職業的向上につながる認知能力と問題解決スキルを強化することができる
> ゴール5：国際的なコミュニケーション手段としての英語の重要性に対する意識を発達させることができる
> ゴール6：英語学習に対する前向きな態度を身に付けることができる

　英語科のゴールとしてイスラームへの言及（ゴール1と2）が上位にあることに違和感があるかもしれない[6]。しかしこれは、後に定められた上位方針であるNFとも合致しており、サウジアラビアにおいては英語習得が上記ゴールを達成するための「手段」として位置付けられていることがここからも読み取れる。
　さらに、ELCはEFLにおける文化について、次のように明示的に触れている（ELC, p.12）。

> 文化的な事項
> 　英語がグローバルな言語になるに従い、どのように文化を教えるか、またどの文化を教えるべきかという問題は一層複雑になっている。英語は、幅広いコミュニケーションに用いられる言語であり、そのような目的でますます多くの、他言語を母語とする人たちによって使われている。
> 　言語教育における文化に関しては、2つの目標が考慮されるべきである。1つは、「相互文化性の領域（sphere of interculturality）」を築くこと、2つめは文化を違い（difference）として教えることである。
> 　語学の教科書と教材に適した文化に関する情報には3つの種類があることには幅広い合意がある。それらは、「自文化に関するもの」（学習者の文化が内容として使われる）、「対象［言語］の文化に関するもの」（英語が第一言語として話されている国の文化が使われる）、「国際的な文化に関するもの」（英語圏や世界の非英語圏のさまざまな文化が使われる）に大まかに分類できる。

　ここにある「2つの目標」は、Kramsch（1993）を参考にしているようだが、これ以上の解説はないため、教師が授業実践のイメージを持つのは難しい。Global Englishesという観点からサウジアラビアのELCを分析したAldawsari & Karakaş（2021）は、ELCは他文化への気づきの大切さを無視してはいないとし

つつも、ローカルな文脈と文化が強調されていると指摘する。また、小学校低学年の言語教育では、社会の中でふさわしくない文化的側面を制限し、国の教育政策の目的で述べられている自分たちの文化的価値や信条を強化する方向が強調されるべきだという外国文化の紹介に慎重な立場（Alotaibi 2014）からは、特に2つ目の目標にある文化の「違い」を、ELCのゴール3の相互文化理解につながる多様なものとしてとりあげるよりも、異質なものとして回避することが選択される可能性もあろう。実際、サウジアラビアの英語教科書は、イスラームの価値観と英語の実用的ニーズのバランスを維持しながら、ムスリム社会においてタブーとされるテーマへの言及を避けて編集され、英語圏の文化に関する内容は縮小、あるいは削除されてきた[7]（Alrahaili 2019）。

4. 教科書比較

　小学4年生から高校3年生までの英語科を対象とするELCは78頁にすぎず、サウジアラビアの英語教育においては、第2節で見たとおり、教科書が「事実上のカリキュラム」とされてきたことに鑑みれば、現在使用されている教科書の内容から同国の英語科教育の方向性について示唆を得ることは可能であろう。本節では、2021年から全国で新たに採択された初学者向け（小学1〜4年生の授業で使用）のMcGraw Hill社の "We Can! 1" のサウジアラビア版（教育省の監修で国際版を同国向けに編集したもの、以下「サウジ版」）と国際版を文化の扱いに着目して比較する。表2は、国際版の "We Can! 1" に合わせてサウジ版のUnitsを並べたものである。サウジ版では、国際版の8 Unitsが二分割され、新たなUnitが1つずつ追加されている（網掛け部分）。なお、小学校では45分授業を週2回行っており、各学期の学習範囲は表2のとおりとなっている[4]。

　英語圏文化に関しては、表2にあるように、国際版のハロウィーンとクリスマスはサウジ版では削除され、さらに、国際版のUnit 4の "Happy Birthday!" は、"How Old Are You?" と年齢を聞くUnit名に修正されている。誕生日を祝うことの是非については、同国内で議論があり、イスラームの教義に反するとのイスラーム法学者の判断を踏襲したものであろう[8]。英語のリズムを学ぶために歌を歌う（sing）活動では、chant（繰り返し声に出す）が用いられている[9]。また、

表2　We Can! Unit比較

Unit	国際版	Unit	サウジ版 "We Can! 1"	
1	My Friends	1	My Friends	1学期
2	My Body	2	My Body	
3	My Family	3	My Family	
4	Happy Birthday!	4	How Old Are You?	2学期
5	Toys	5	What's this? What's that?	
			サウジ版 "We Can! 2"	
6	Yummy Things!	1	Toys and Things	
7	Animals	2	Food	
8	Seven Days	3	Animals	3学期
More Fun 1	Halloween	4	Days and Weather	
More Fun 2	Christmas	5	Feelings and Things	

　英語圏でよく知られている "Simon says" のゲームは、"The teacher says" に置き換えられている。そのほか、雪だるまの数を数える箇所はラクダの数が、アルファベットのdを使った単語はイスラームで不浄とされるdogではなくduckが用いられている。

　教科書のイラストもサウジアラビアの文脈に合わせた大幅な変更が見られる。まず、黄色の髪の毛は、ほぼすべて茶色か黒に塗り替えられ、ズボンをはいている女性は、削除または男性に差し替えられ、あるいは長いスカートに変更され、西洋人と思しき人たちはサウジアラビア人（ほとんどが民族衣装のトーブを着た男性）に置き換えられている。また、国際版で多用されている多文化、多国籍なクラスルームや授業風景は、すべて同国の教育環境（男性または女性のみ）に変更されている。そのほか、国際版にない "Advice Time" というセクションが各Unitの末尾に設けられ、サウジアラビア人男性が "Wash your hands"（p.15）、"Obey your parents"（p.23）などイスラームに合致した行動規範を一言述べている。

　このように見ていくと、ELCでは語学学習に適した3種類の文化に関する情

報があると言及しているものの、小学校の教科書では、英語圏の文化（クリスマスなどの行事やSimon saysのようなゲームなど）や国際的な文化（多国籍なクラスルームの様子など）は、ほぼすべてサウジアラビアの文化や文脈に置き換えられている。これは、英語教育に対して保守的な見解、特に低学年時の文化的影響を懸念する声への配慮からだろう。サウジアラビアのような教育への宗教文化的な影響が大きい国が、海外の出版社のテキストを基に教科書を作ろうとすると、「不適切」な個所を差し替える程度の編集とならざるをえず、その結果パッチワーク的な仕上がりになってしまう。高校生の教科書を分析したFaruk（2014）は、国際版の編集に頼るのではなく、イスラーム、サウジアラビア、西洋、その他の文化の要素に通じた作者による教科書を作成すべきだと提案している。小学校の教科書にも同様の指摘があてはまろう。サウジアラビアの伝統・文化を大切にしながら、さまざまな文化への関心や多様な英語に対する気づきを促すことは、矛盾するものではないし、国際言語としての英語教育の観点からも重要である（Alrahaili 2019；Alshammari 2015）。また、初学者向けには、全編英語とするよりは、難しい説明などはアラビア語を用いてもよいだろう。

5．おわりに

　本稿では、イスラームの宗教文化と整合性を取りながら、サウジアラビアが取り組んできた英語教育を、特に最近の動きである2021年からの小学校全学年での英語科導入と教科書における文化の扱いを中心に概観した。教科書が実質的なカリキュラムとなっている同国では、現在の教科書の内容を踏まえながら、小学校全学年を対象とする新たなカリキュラムが今後整備されていくものと思われる。2021年度は小学1年生から4年生が初めて英語を学ぶことになったため、初学者は学年に関わらず同じ教科書を使用している。現1年生が4年生に進級するときにどのような教科書を用いるのかという点を含め、同国の小学校英語教育の全体像を把握するには、もう少し時間が必要である。

　イスラームに基づく国家運営がなされているサウジアラビアの教育は、日本の教育とかけ離れているようにみえるかもしれない。しかし、英語と異なる文字や体系を持つ言語が日常生活で用いられていること、授業外で英語に触れる機会が

少ないこと（Alqahtani 2019）、英語教育の開始が低年齢化していること、英語学習の重要さが広く認識されているにもかかわらず英語能力が低いとされていること[10] など、英語教育に関しては共通の課題もある。さらに、近年同国では、政府主導による社会改革が進んでおり、かつての閉鎖的な国家というイメージから、海外のエンターテインメントや最新の流行を享受し、急速に発展する国家へと変貌を遂げつつある。特に女性や若者は、イスラームの価値観と近代化・経済発展を両立させる新たな国家像に誇りを持ち、変革の動きを牽引している。昨年はハロウィーンのイベントや西暦の新年カウントダウンも首都リヤドで開催された。このような改革路線の延長上に、サウジアラビアの小学校での英語教育や教科書において、将来、英語圏や外国の文化が紹介される余地も十分あるだろう。

　本稿で指摘したサウジアラビアの英語教科書が抱える課題については、多くの小学校教諭が編集に参加している日本の教科書作成のアプローチが参考になるだろう。日本の小学校英語教育の観点からは、同様の課題に直面し、日本に先行して1年生からの英語教育の導入を開始したサウジアラビアの実践から学ぶところもあるだろう。本稿では、断片的にサウジアラビアの小学校における英語教育の最新事情を紹介するにとどまった。両国間の協力の可能性については、これからの課題として検討したい。

【注】
1）統治基本法は在米サウジアラビア大使館ウェブサイトの英語版（https://www.saudiembassy.net/basic-law-governance）を参考にした（2022年6月26日閲覧）。
2）英語教育の低年齢化に対しては、諮問評議会の教育委員会（議会の文部科学委員会に相当）の委員が、小学校からの英語授業の実施は、お金と人材の無駄であり、英語教育は高校からにすべきだと求めるなど、反対の声が上がったという（Alrahaili 2019）。
3）Macmillan Education は、長い歴史を持つイギリスの出版社で、現在は世界的な学術出版社Springer Nature Group の傘下にある（https://www.springernature.com/gp/macmillaneducation）。語学学習（ELT）、高等教育や専門書に強い。McGraw Hill は、米国の三大教育出版社の1つで幼少期から高等教育までの幅広い教材を扱い、カスタマイズされたコンテンツやサービスを提供している（https://www.mheducation.com/）。MM Publications は1993年に設立された比較的新しい出版社でELTやe-learningに特化している（https://www.mmedugroup.com/MM-Publications）（すべて2022年6月26日閲覧）。
4）使用教科書及び各学期の学習範囲は、教育省のウェブサイトに加え、以下のサイトを参照した（https://www.qassimenglish.com/circulars/ 及び https://arab1education.com、いずれも2022年6月26日閲覧）。
5）ELC（https://eelyanbu.files.wordpress.com/2014/02/english-language-curriculum-for-schools-in-the-ksa-final.pdf より入手、2022年6月26日閲覧）は、2014 〜 2020年を対象として

いるが、本稿執筆時点において2020年以降の新たな英語科カリキュラムは公表されていないため、ELCが現時点でも有効だとして考察した。

6）ゴール1と2に関して、メディナを訪れる巡礼者との意思疎通を可能にし、非アラビア語話者のムスリムに対してイスラームの価値を伝え、イスラームに関心のある英語話者との交流を通じて西洋でのイスラームへの誤解や偏見を解消するという宗教的観点からの英語学習の目的（Alshahrani 2016）が参考になる。

7）一方で、近年、高校の教科書では欧米の文化的要素も取り入れられるようになっている（Faruk 2014）。

8）2008年、「誕生日のお祝いはイスラームに何ら反しない」という有力な聖職者による宗教判断（ファトワ）をきっかけに、サウジアラビアでは誕生日や結婚記念日の祝いがイスラームの教義に反するか否かという論争が起きた。同国のグランドムフティ（高位聖職者）は「イスラームに反する」と述べ、論争の決着を図ったが（Arab News 2008）、実際には多くのサウジアラビア人が誕生会を開くなど誕生日を祝っている。

9）「音楽は人間に強い力を及ぼすこと、人間を通常とは異なる状態にする力をもつこと」から音楽や歌に対して否定的な見解を示すイスラーム法学者もいるが、アラブ・イスラーム圏には豊かな音楽文化が根付いているのも事実である（八木 2017）。

10）例えば、Education First社の英語能力指数（2021年版）(https://www.efjapan.co.jp/epi/)では、日本は「低い」、サウジアラビアは「非常に低い」英語能力の国に分類されている（2022年6月26日閲覧）。

【引用・参考文献】

1）Aldawsari M., & Karakaş, A. (2021) Does the Saudi English Language Curriculum Reflect the Current State of English?: A Documentary Analysis from a Global Englishes Perspective. *Taiwan Journal of TESOL, 18*, 1-28.

2）Alotaibi, G.N. (2014) Teaching English as a foreign language in the early grades of the Saudi public elementary schools: Considering the proposal. *Journal of King Saud University, 26*, 31-36.

3）Alqahtani, S.M.A. (2019) Teaching English in Saudi Arabia. In C. Moskovsky, & M. Picard (Eds.), *English as a Foreign Language in Saudi Arabia* (pp. 120-137). Routledge.

4）Alrahaili, M. (2019) Cultural and linguistic factors in the Saudi EFL context. In C. Moskovsky, & M. Picard (Eds.), *English as a Foreign Language in Saudi Arabia* (pp. 85-101). Routledge.

5）Alrashidi, O., & Phan, H. (2015) Education Context and English Teaching and Learning in the Kingdom of Saudi Arabia: An Overview, *English Language Teaching, 8*(5), 33-44.

6）Alshahrani, M. (2016) A Brief Historical Perspective of English in Saudi Arabia. *Journal of Literature, Languages and Linguistics*, 26, 43-47.

7）Alshammari, A.K. (2015) Developing the English Curriculum in the Kingdom of Saudi Arabia: Possibilities and Challenges, *Arab World English Journal, 6*(4), 365-372.

8）Arab News. (2008, August 20) https://www.arabnews.com/node/315041（2022年6月26日閲覧）

9）Baker, W. (2012) From Cultural Awareness to Intercultural Awareness: Culture in ELT, *ELT Journal, 66*(1), 62-70.

10）ETEC (Education and Training Evaluation Committee). (2018) *National Framework for Public Education Curricula Standards*, https://etec.gov.sa/ar/productsandservices/

NCSEE/Cevaluation/Documents/English%20Book.pdf（2022年6月26日閲覧）

11）Faruk, S.M.G. (2014) English Textbooks and the Objectives of ELT in Saudi Arabia: Gaps and Rationale. *Buletinul Stiintific al Universitatii Politehnica din Timisoara, Seria Limbi Moderne, 13*, 47-56.

12）KSA (Kingdom of Saudi Arabia). (2016) *Vision 2030*, https://www.vision2030.gov.sa/（2022年6月26日閲覧）

13）Kramsch, C. (1993) *Context and Culture in Language Teaching*. Oxford University Press.

14）Mitchell, B., & Alfuraih, A. (2017) English Language Teaching in the Kingdom of Saudi Arabia: Past, Present and Beyond. *Mediterranean Journal of Social Sciences, 8*(2), 317-325.

15）MoE (Ministry of Education). (2020) https://twitter.com/moe_gov_sa/status/1273192578876346368（2022年6月26日閲覧）

16）サウジアラビア教育省ウェブサイト（https://www.moe.gov.sa）（2022年6月26日閲覧）

17）中村覚（2015）「強い宗教意識と弱い国民意識　国民のアイデンティティの変化」中村覚編著『サウジアラビアを知るための63章（第二版）』明石書店, pp.92-96.

18）バイラム, マイケル著, 細川英雄監修, 山田悦子・古村由美子訳(2015)『相互文化的能力を育む外国語教育―グローバル時代の市民性形成をめざして』大修館書店

19）福田安志（2009）「サウディアラビア」大塚和雄他編『岩波イスラーム辞典』岩波書店, pp.396-395.

20）本名信行（2013）『国際言語としての英語―文化を超えた伝え合い―』冨山房インターナショナル

21）松本茂（2017）「英語教育を通したコミュニケーション能力の育成」金森強他編著『主体的な学びをめざす小学校英語教育 教科化からの新しい展開』教育出版, pp. 8-13.

22）八木久美子（2017）「音楽の魅力あるいは誘惑―婚礼をめぐるアラブ・ムスリムの語りを中心に」『総合文化研究』第21号, 東京外国語大学総合文化研究所, pp. 6-19.

ABSTRACT

English as a Foreign Language in Saudi Primary Schools: Focusing on Cultural Issues in English Textbooks

Chie Sugino

(Graduate student, Ochanomizu University)

<Keywords: curriculum / textbook comparison / foreign language education / Islam / intercultural awareness>

In Saudi Arabia, Islam has a strong influence on society and culture, and Arabic has prioritized over English in language education. Thus, when English as a Foreign Language (EFL) is promoted in Saudi public schools, Saudi cultural and religious traditions are balanced with the Ministry of Education's policy, which emphasizes the practical value of English as a tool for communication, science, and technology. Accordingly, cultural taboos for Muslims have been excluded from EFL classrooms in Saudi Arabia.

Recently, the Saudi government introduced English education at a younger age, and first graders at primary schools started learning English in 2021. This indicates that the government attaches great importance to developing students' English language competency from early childhood.

In Saudi Arabia, EFL textbooks from international publishers have been edited to produce Saudi editions, which serve as the *de facto* curriculum. This study therefore focused on these textbooks, comparing an edition of the EFL textbook "We Can!" edited for Saudi Arabia and adopted throughout the country in 2021 with its international counterpart. Students from the first to the fourth grades, who started learning English this year, used these same textbooks.

The Saudi edition deleted cultural events from English-speaking countries, such as Christmas and Halloween, and replaced the foreign and international culture depicted in the international edition with the Saudi local culture and context. Such amended editions tend to result in patchwork texts without authentic context, making it difficult for Saudi students to develop the intercultural awareness that is essential for language learning. It may be necessary for those familiar with the cultural elements of Islam, Saudi Arabia, Western countries, and other parts of the world to write original EFL textbooks which reflect the Saudi context.

Education in Saudi Arabia, where Islam is the main pillar of the nation, may look far different from that in Japan; however, both countries share common challenges in EFL, such as a wide linguistic distance between their native languages and English, lack of opportunities to use English outside of class, and a low level of proficiency in English among the general population. Today, Saudi Arabia is rapidly transforming its image from that of a closed nation to a country that enjoys entertainment from abroad and welcomes the latest global trends. These ongoing social reforms may bring about the possibility of including the culture of English-speaking and foreign countries in Saudi EFL at primary level. Japanese approaches to editing textbooks, in which many teachers participate, may be helpful when it comes to addressing these issues in the current EFL textbooks of Saudi Arabia. Meanwhile, Saudi EFL practices, from a country which has taken the lead in introducing English classes as early as the first grade, may benefit Japanese EFL teachers in primary schools.

This study does no more than introduce the current status of EFL in Saudi primary schools based on limited information. It will take more time to confirm the whole picture, considering that the overarching framework of the curriculum based on the newly-adopted textbook has yet to be released. Exploration of the possibilities for bilateral cooperation in this field remains a subject for future study.

台湾における小中学校国際教育の現状と課題
—「国際教育白書 2.0 版」を中心に—

譚　君怡
（国立台中教育大学）

〈キーワード：台湾／小中学校／国際教育／グローバル・コンピテンス〉

1. はじめに

　グローバル化、知識経済、インダストリー 4.0 などの進展とともに、世界各国の経済競争が激しくなっている。加えて、地球温暖化、難民問題、コロナパンデミックが世界的に発生し、一国の力によってすべての問題を解決することはできなくなっている。国連も SDGs（Sustainable Development Goals）を掲げ、より公平で持続可能な国際社会を共に作ることを呼びかけている。

　その中で、世界各国は、自国の学生にグローバルという文脈の中で積極的に問題を考えて行動する能力、資質、責任感、そして競争力を、教育を通して培おうとしている。例えば、OECD は「グローバル・コンピテンス」を提起し、それを次のように定義している。「ローカル・グローバル・異文化の課題を探求し、他人の視点や世界観を理解し、異なる文化的背景を持つ人と開放的で適切で効果的なやり取りをすることができ、人類共通の福祉と持続可能な発展に対して行動できる能力」（OECD, 2018）。

　このような流れの中で、台湾でも、小中学校から国際社会に通用する能力の育成を重視してきた。台湾教育部（日本の文部科学省に相当）は、2011 年に「小中学校国際教育白書」（通称「国際教育1.0」）を打ち出し、政府主導で小中学校段階での国際教育を推進している。また、国際教育1.0政策が一段落した後には、2020 年に「小中学校国際教育白書2.0版」（通称「国際教育2.0」）を打ち出し、

国際教育1.0政策時代の課題を乗り越えてさらなる発展を目指している。その上、行政院が2018年に打ち出した「2030年バイリンガル国家政策」を受けて、教育部はバイリンガル国家の推進をサポートし、小中学校における英語による授業を拡大する予定であり、国際教育と共に推進している。

　本稿はこの新しい「小中学校国際教育白書2.0版」における政策の特色と、台湾の文脈において国際教育を実施する際に留意すべき課題について述べる。

2.「小中学校教育白書2.0版」の特色

　2011年からの国際教育1.0は、「カリキュラムの発展と教育」、「国際交流」、「教員の専門開発」と「学校の国際化」という4つの戦略で進められてきた（教育部2011）。国際教育2.0はその基礎の上で進化しようとするもので、2020から2025年までの6年間、10億台湾ドルの予算を投入しながら進められている（教育部2020）。

　そこでは今回、「グローバル市民の育成」、「教育の国際化の促進」、「グローバルな交流の開発」という、3つの大きな目標が設定されており、それぞれの目標に対して、「学校を基盤とする国際教育の推進」、「国際化に友好的な環境作り」、そして「国際的なリンケージの仕組みの構築」という戦略が立てられている。そして、それぞれに対して具体的なアクションプランを設定している（教育部2020）。

　また、国際教育1.0時代から、ボトムアップの精神が強調されてきた。学校は各自の特色ある地域文化や資源の文脈を踏まえた「学校を基盤とする国際教育」（School-based International Education, SIEP）計画を教育部に申請し、助成金を得るというかたちで各自の国際教育を推進してきた。国際教育2.0以降も同様に学校を中心にした仕組みとその精神が受け継がれている。

　以下、それ以外の国際教育2.0政策の特色について白書の内容から以下の3点を分析した。

(1) 目指すべきグローバル市民像の明確化

　「小中学校教育白書2.0版」では、国際教育の目標となる人材像を描き出して

いる。それは未来のグローバルな環境下で学習や仕事を適切に進めることができるように、グローバル時代において必要な知識、技能、態度を育てるということである。

　さらには以下の項目も大きなテーマとなってる。(1) 自国の価値の理解：自分の国の世界的な文脈における特色を理解し、自国の文化に対する敬意と自信を持つこと。(2) 多文化の尊重と国際理解：文化的多様性や世界におけるそれぞれの文化の価値について理解し、尊重し、その真価を認めて実際に行動すること。(3) 国際移動力（世界で通用する能力）の向上：外国語能力、探求力、批判的思考能力、情報技術運用能力、異文化コミュニケーション能力を持つ生涯学習者。(4) グローバル市民としての責任を果たす：世界共通の基本的人権と道徳的責任を意識して尊重し、国際的に社会的弱者を生み出される現象と実態を理解し、グローバルに持続可能な発展の理念を理解し、そして実際の生活において実践していくこと（教育部 2020）。

　以上のように、「小中学校教育白書2.0版」において、小中学校で国際教育を推進するための人材育成の方向性が明確にされた。その人材像には、OECDによる「グローバル・コンピテンス」においても言及されている異文化コミュニケーションやグローバル市民としての責任が含まれている。それと同時に、外国語能力、探求力、批判的思考能力、情報技術運用能力といった競争力の側面も含まれており、さらには自文化のより深い理解と認識というテーマも含まれている。

(2)「十二年国民基本教育」の下での国際教育の推進

　台湾では2014年から小学校から高等学校までの十二年間を対象とした「十二年国民基本教育」が開始され、2019年には日本の学習指導要領に相当する課程綱要が改訂され実施された。この新しい課程綱要では、コンピテンス基盤型教育が強調され、「多元文化と国際理解」を含む9つのコア・コンピテンスが提起されている（教育部 2014）。

　また、発行された「十二年国民基本教育課程綱要議題融和ガイドライン」において、ジェンダー教育、人権教育、環境教育、防災教育、品格教育、情報教育、原住民族教育、国際教育などの、時代を反映する19の教育議題を積極的にカリキュラムに取り入れることが推奨されており、国際教育もその中に入っている（國

家教育研究院 2020）。

　このガイドラインではそれぞれの議題の領域におけるコンピテンスの中身が提示されている。国際教育では、前述した国際教育2.0で提起した人材像の4つのポイントの、それぞれでの学習段階（小、中、高）において身につけたほうがよいコンピテンスが記述されている。

　例えば、第4の「グローバル市民としての責任を果たす」においては、小学校段階では具体的に（1）「世界中の基本的人権と道徳的責任を認識できること」、（2）「国際的に不利益を被っている社会的弱者の現象と実態を理解できること」、（3）「身近なところでのグローバル・イシューを観察し、行動する方法を構築できること」というコンピテンスが提起されている（國家教育研究院 2020）。

　国際教育2.0では、学校で実施される国際教育が一回性のイベントで終わってしまうのではなく、カリキュラムの中に取り入れられることを期待しているため、学校にこのようなコンピテンスの中身を活かしてほしいと呼びかけている。

　例えば、国際交流活動においても、一回の交流で終わるのではなく、コンピテンスの中身を明確に設定し、国際交流活動の計画案、指導案を作成したうえで交流活動を行うことが推奨されている。国際教育において培おうとするコンピテンスを詳細かつ明確に提示することが、教育現場において国際教育を実施する際の参考となると同時に、国際教育カリキュラムや活動における教育の質と教育効果の一致性を保つことができる。

（3）行政や各学校による連携の仕組みを作り、計画的に国際交流を拡大すること

　海外の学校と提携し、オンラインあるいは実際の国際交流を行うことは国際教育の重要な活動の一つである。しかしこれまで、海外提携校の開拓や連絡は多くの学校にとっては容易なことではなく、この課題に対して、国際教育2.0政策では、様々な連携の仕組みにより計画的に国際交流を推進することで解決を目指している（教育部 2020）。

　具体的には、例えば、中央（教育部）と地方（教育局）の連携による「国際教育推進連盟」が設立された。この役割は、国全体の国際交流の戦略や企画、改善について提言することや、一つの窓口として教育部の海外での駐在拠点を生かしながら、全国レベルの国際連携を交渉することである。

この他にも中央と地方の間をつなぐ「国際教育産官学民協力プラットフォーム」も設立された。ここでは産官学民の資源を統合し、計画的に全国を対象にした国際教育を推進することが目指され、例えば国際教育旅行の連盟を設立し、海外交流校とのマッチングや優れた交流活動の取組経験の共有など、教育旅行の拡大や深化を進めている。

　さらに地方においては、「国際教育資源センター」が設立された。ここでは小中学校の国際交流の機会のマッチングや、国際交流データベースの設置、あるいは国際交流やホームステイのための教員・ボランティア研修などによって、各学校の国際教育の推進を支えている（教育部 2020）。

　以上のように、行政の連携を始めとして、いくつかの連携の仕組みが作られている。教育部はこうした仕組みを通して、より多くの学校での国際教育の推進をサポートしている。

3. 今後の発展のための課題

　台湾では、小中学生のグローバル・コンピテンスを育てることを目指して2020年に「小中学校教育白書2.0版」を打ち出し、国際教育をさらに強化している。本稿はここまで、目指されるグローバル市民像の明確化、「十二年国民基本教育」の下での国際教育の推進、行政や各学校から様々な連携の仕組みによる国際交流の拡大という方向性の特色をその政策から分析してきた。最後に、今後の発展のための課題について取り上げたい。先行研究の論点に加え、筆者の所見から以下の5点を提起する。

　第1に、国際教育の機会均等という課題である。台湾では近年「海外学習と国際教育法」の立法が検討されており、すべての学生に国際教育の機会を保障するという社会的な共通認識が拡大している（潘乃欣 2020）。

　しかし例えば、海外経験や国際経験は、各学生の家庭の事情や地域の経済的状況に規定されやすい。それを考えれば、学校において全面的な国際教育を行うことは、すべての学生が国際教育の機会を得られるということにつながる。そのため、小中学校で国際教育を行う際には、経済的に不利な家庭や地域においても均等に良質な国際教育を享受できるよう留意すべきである。

第2に、世界を捉える視野の偏りを避けるという課題である。国際教育を行う際に、どの文化をどのように取り上げるか、どのような授業内容を学生に提供するかということが、学生が世界を捉える視野に対して大きな影響を与えることになる。

　しかし台湾では、他国の課題や経験を参考にする際に、欧米や日本のような経済的先進国の状況を取り上げる傾向があり、こういった「国際的＝欧米諸国」というステレオタイプによる、学生の世界を捉える視野の偏りを避けるために、国際教育においては、東南アジア、アフリカ、中南米諸国、アラブ世界など、これまで学生があまり出会う機会がなかった国や地域の状況も意識的に取り上げる必要があると言われている（詹盛如 2019）。

　第3は、国際的な論点を議論する際の多角的な視点を提供することである。台湾には清朝統治時代、日本統治時代、国民党政権時代、民主化時代などの歴史があり、そこから様々な歴史認識が生まれている。それは国際関係における台湾の位置づけに対する認識にも影響を及ぼし、それぞれの立場による多様な見解がもたれている。現在、ボトムアップの精神による「学校を基盤とする国際教育」が進められ、その中身は各学校に委ねられているが、国際教育を進める上でどのような立場で議論するかによって国際的な論点の見方が変わってくる。そのため学校や教師には、学生が多様な角度から国際的な論点に触れることができる機会を作るなどの、複眼的に議論を展開するための工夫が求められる。

　第4に、内なる国際化についての課題である。台湾は国際結婚、外国人労働者、留学生などの増加によって多文化社会となっている。しかし例えば、東南アジア出身の国際結婚女性や労働者に対する偏見やステレオタイプが存在している。それゆえに、国際教育においては、台湾の内なる国際化の実態や課題について、ステレオタイプではなくグローバルな文脈の中で学生たちの理解を促す必要があり、そして、積極的に解決案を考えて行動へとつなげていく工夫が必要であると指摘されている（朱啓華 2013）。

　第5に、バイリンガル教育についての課題である。台湾では「バイリンガル国家政策」の下で、国際教育と共に、小中学校における授業の英語化が加速している。しかし、日常生活は中国語で十分であり、まだまだ英語が一般化していない中での英語化の加速は、いくつかの課題を生み出している。

例えば、母国語ではなく英語によって一般的な教科を教えることは、教員と学生の英語力の影響を受けて、一回の授業で学ぶことができる内容量が限られてしまうことになる。また、英語の学習に重点が置かれることは、学校における閩南語や客家語、原住民言語などの「本土言語」を学習する機会が圧縮される懸念もある（陳至中 2022）。あるいは、階層間や地域間における英語力の格差を拡大することや、英語が不得意な生徒のコンプレックス感情を生み出すことなどが考えらえる。それゆえ、一般的な教科の英語化は学生にマイナスの影響を与えないかたちで慎重に進められなければならない。

　台湾におけるこれからの国際教育は、こういった課題を意識したうえで推進される必要がある。すべての学生が質の高い国際教育を享受できるよう、国際教育2.0政策を貫いていくことが期待される。

【引用・参考文献】

1）OECD. (2018). Preparing our youth for an inclusive and sustainable world: OECD PISA global competence framework. Retrieved from https://www.oecd.org/education/Global-competency-for-an-inclusive-world.pdf

2）朱啓華（2013）「台灣國際教育的反思―以《中小學國際教育白皮書》為例」『嘉大教育研究學刊』30，pp.1-20。

3）教育部（2011）『中小學國際教育白皮書：扎根培育21世紀國際人才』教育部。

4）教育部（2014）『十二年國民基本教育課程總綱』教育部。

5）教育部（2020）『中小學國際教育白皮書2.0』教育部。

6）陳至中（2022）學界連署逾千人支持 籲走向「多語台灣英語友善」中央通訊社Retrieved from https://www.cna.com.tw/news/ahel/202204080092.aspx

7）國家教育研究院（2020）『十二年國民基本教育課程綱要議題融入說明手冊』國家教育研究院。

8）詹盛如（2019）「國際教育迷思解析與未來發展」『國家教育研究院教育脈動電子期刊』17，pp.1-5。

9）潘乃欣（2020）「高中生出國交換意願低 考試壓力、無法抵學分是主因」聯合新聞網 Retrieved from https://udn.com/news/story/6885/4810458

ABSTRACT

Current Status of and Issues with International Education for Primary and Secondary Schools in Taiwan: Focusing on the "White Paper 2.0 on International Education"

Chun-Yi Tan

(National Taichung University of Education)

<Keywords: Taiwan / Primary and Secondary Schools / International education / Global competence>

With the acceleration of globalization and the growth of the knowledge-based economy, international education policies have been promoted by the Ministry of Education in Taiwan since 2011. In 2020, the Ministry released its "White Paper 2.0 on International Education for Primary and Secondary Schools" to launch a new reform of international education. This article analyzes three features of the new policy: clarifying the nature of the target "global citizen," promoting international education under 12-Year Basic Education, and integrating administration and schools to develop various platforms for more prosperous international exchange. The challenges for developing international education for the future in the social context of Taiwan are also discussed.

最北の国立大学における留学生への
コロナ禍の影響

本 間　圭 一
（北見工業大学）

〈キーワード：留学生／新型コロナウィルス／地方／国立大学／奨学金〉

1. 研究の背景

　新型コロナウィルスの感染拡大は、大学生活にも大きな影響を与えている。文部科学省（2021）によると、大学生には、アルバイト収入の減少、オンライン授業による理解不足、新入生を中心にした交友関係の希薄化といった問題が指摘されている。特に、留学生は、外食店員やコンビニ店員といったコロナ禍の影響を受けやすいアルバイトに従事していることが多く（ジョブズリサーチセンター、2019）、様々なメディアで、収入が減少し、生活が厳しくなったとの声が紹介されている。

　国立86大学の中で最北端にある北見工業大学は、人口約11万人の北見市に所在し、2022年1月1日現在、13か国から89人の留学生が在籍している。2020年以降、コロナ禍の影響が大学生活にも広がり始めると、大学に借入金を申請したり、貧困を理由に退学を考えたりする留学生が相次いだ。留学生の生活を支援する国際交流センターでは、食料品の提供などの対策を講じてきたが、金銭面に関する相談はなくならなかった。留学生が継続的に抱える問題を把握するため、2021年11月、全留学生を対象に、コロナ禍の生活調査を行った。

　コロナ禍による留学生の生活実態に関する先行調査では、静岡県内の大学での調査（ふじのくに地域・大学コンソーシアム、2021）や熊本県内の高等教育機関に在籍する留学生へのアンケート（大学コンソーシアム熊本、2021）などがある。

いずれも、コロナ禍で多くの学生が、アルバイトの減少に直面し、生活苦を余儀なくされていることが判明したが、地方（国土交通省の定義から、東京、大阪、名古屋の三大都市圏を除く地域）で、自分自身が主な経費支弁者となる留学生の経済状態に着目した分析は少ない。

　本報告では、アンケート調査の結果から、経済的に自立を強いられる留学生のコロナ禍による影響を検証し、今後の留学生支援に生かすことを目指す。

2．北見工業大学の特徴

　北見工業大学は1960年に創設された工学部のみの単科大学である。「自然と調和するテクノロジーの発展」を掲げ、科学技術を地球規模の課題の解決やオホーツク地域の発展に役立てることを目指す。2022年1月1日時点の在校生（学部生・大学院生）は1994人で、このうち留学生の割合は4.5%となっている。留学生89人の出身国の内訳は、中国が45人、モンゴルが19人、マレーシアが8人の順に多く、全体ではアジア出身者が94%を占める。留学の動機として、上記の理念への共感だけでなく、経済的なメリットが教職員の間で指摘されてきた。文部科学省によると、国立大学の博士前期課程の場合、年間授業料は53万5800円、入学料は28万2000円で、合計額は私立の大学院の84%である。総務省（2020）によると、消費者物価の地域差指数で、北海道は東京都や京都府よりも低い。このほか、北見工業大学は独自に、博士前期・後期課程の学生の授業料・入学料の減免審査制度を導入している。2021年度に免除を受けた留学生は、授業料が14人、入学料が2人だった。北見市は毎年、留学生15人に1人あたり20万円の奨学金を無償で給付している。

3．調査の対象と手法

　今回の調査の名称は「コロナ禍による留学生の生活の変化」で、2021年11月1日時点で北見工業大学に在籍していた留学生90人に対し、筆者が同月4〜18日の間、ウェブ上で質問に対する回答を募った。質問項目は、大学選択の理由、コロナ禍による留学計画・学業・人間関係・精神面・経済面への影響など全27

項目で、日本語と英語で行った。回答期限までに55人から回答を得た。国際交流センターへの相談内容も補足資料として結果分析に加える。回答する留学生に対しては、調査結果を今後の留学生対策に生かすとともに、学術誌に投稿し、国際教育に携わる関係者と情報共有を図る旨を通知した。

4. 結果

回答した55人の内訳は、性別では男性40人、女性15人、所属では学部生31人、大学院生24人、奨学金受給別では有30人、無25人、国・地域別では東アジア33人、東南・南アジア16人、中東5人、欧州1人となった。民間から国費並みの奨学金を得ている学生も少なくないため、経費支弁別の分析として、奨学金受給の有無を聞いた。割合については、小数点第1位を四捨五入する。以下、主な設問の結果をみる。

(1) 調査対象大学を選択した理由

最多の「学びたい研究やコースがあったから」（36人）の後に、「地方で勉強したかったから」（14人）、「他人に勧められたから」（13人）と続いた。また、「授業料が安いから」（11人）、「北見の物価が安いから」（9人）、「奨学金をもらえるから」（6人）という経済面を考慮した回答もあった。この3つのいずれかに回答した学生は、学部生で12人（39％）、大学院生で9人（38％）に上っており、調査対象大学留学生の特徴と言われてきた金銭的メリットを考慮した進学が裏付けられた。

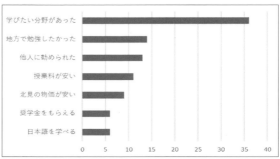

図1 「北見工業大学を選択した理由は」（複数回答可、筆者作成）

(2) コロナ禍による収入減

　コロナ禍で収入が「減った」としたのは33人（学部生：18人、大学院生：15人）で、全体の60%に達した。理由として、「仕送りの減少または停止」は18人（学部生：8人、大学院生：10人）、「アルバイトの解雇または時間減」は17人（学部生：12人、大学院生：5人）で、この2つだけで理由回答数の83%を占めた。「減った」とした33人を所属と奨学金受給の有無別に分類すると、奨学金を受給していない学部生は10人（91%）で、その割合は、奨学金を受給している大学院生4人（40%）より51ポイント高かった。授業料・入学料を負担する学部生は、奨学金を受給できなければ、アルバイトなどに頼らざるを得ず、結果として、収入減の割合が高くなった可能性がある。

表1　「減った」と回答した33人の内訳（筆者作成）

	学部生	大学院生
奨学金受給有	8（40%、総数20）	4（40%、総数10）
奨学金受給無	10（91%、総数11）	11（79%、総数14）

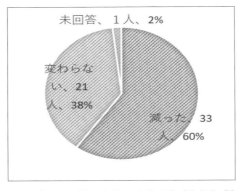

図2　「コロナ禍で収入の変化は」（筆者作成）

(3) 学業への影響

　「学習意欲が低下した」(34人)、「成績が悪くなった」(14人)、「授業に出なくなった」(10人)といった否定的な影響が上位を占めた。この3つのいずれかに回答したのは39人で、その理由として、「生活が貧しくなった」ことを挙げたのは15人だった。この15人はいずれも収入が「減った」と答え、この内訳は、奨学金の未受給者が11人で73%だった。全ての未受給者の全回答者に対する割合(45%)よりも高かった。

表2　①②③の否定的影響を回答した39人の内訳（筆者作成）

	学部生	大学院生
奨学金受給有	15（75%、総数20）	6（60%、総数10）
奨学金受給無	7（64%、総数11）	11（79%、総数14）

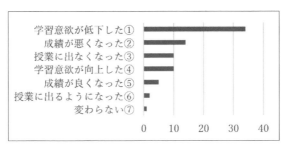

図3　「コロナ禍で学業への影響は」（複数回答可、筆者作成）

(4) 精神面への影響

　「孤独を感じるようになった」(22人)、「生活が充実しなくなった」(16人)、「体調が悪くなった」(9人)といった否定的な影響が上位を占め、この3つのいずれかに回答したのは30人だった。この内訳をみると、奨学金未受給の学部生の割合が比較的高かった。30人は、精神面の悪影響への結果として、「部屋から出たくなくなる」(18人)、「帰国したくなる」(12人)、「人と話したくなくなる」(11人)が多く、深刻な状況となっていた。

表3　①③④の否定的影響を回答した30人の内訳（筆者作成）

	学部生	大学院生
奨学金受給有	10（50％、総数20）	6（60％、総数10）
奨学金受給無	8（73％、総数11）	6（43％、総数14）

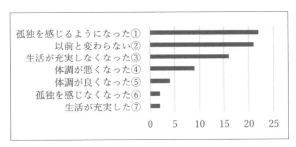

図4　「コロナ禍で精神面への影響は」（複数回答可、筆者作成）

（5）大学への希望

　「奨学金の増額」（31人）、「食料品・生活物資の提供」（24人）といった物質的な支援が上位となった。このいずれかに回答した41人の内訳をみると、学部・大学院の所属や奨学金受給の有無の違いで大きな差とならなかった。希望項目はこの後、「イベント企画」（21人）、「友人・知人と出会う場の提供」（20人）と続いた。

表4　①②の物質的支援を回答した41人の内訳（筆者作成）

	学部生	大学院生
奨学金受給有	14（70％、総数20）	7（70％、総数10）
奨学金受給無	8（73％、総数11）	12（86％、総数14）

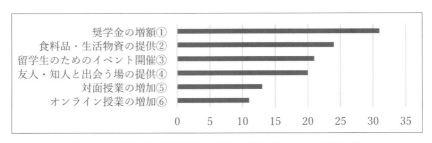

図5 「大学に期待することは」（複数回答可、筆者作成）

5. 分析

　調査結果から以下の2点を検証する。

(1) 奨学金未受給の学部生ほど収入減の割合が高く、学業に悪影響が出ている。

　調査対象大学の留学生の仕送り額平均は、2万9397円（学部生：3万4300円、大学院生：2万2500円）で、独立行政法人・日本学生支援機構の調査で判明した仕送りの北海道の平均額の61%、東京の平均額の33%に過ぎない。このため、授業料・入学料の免除を受けられない学部生が、奨学金を得ていない場合、自身が経費支弁者となる度合いが高くなる。結果として、アルバイトに生活費の多くを頼らざるを得ず、コロナ禍によるアルバイトの時間減や解雇が収入減に直結する。また、日本学生支援機構の調査では、北海道の場合、電気・ガス・水道料金の支出額が1万円に上り、全国8地域（北海道、東北、関東、中部、近畿、中国、四国、九州）の中で最多だった[1]。留学生が生活費を削る一因となっている。

　学業に悪影響が出ている理由として生活苦を挙げた15人の全員が、コロナ禍で収入が減ったと回答したが、このうち、東南アジア出身の学部生は筆者に「時給の低いアルバイトを複数始めたので、勉強する時間がない」と打ち明けた。

(2) 精神的ストレスを感じた学生は過半数を占め、所属や奨学金受給によらない。

　「孤独を感じるようになった」といった精神面への悪影響は、所属に関わらず、全体的な傾向として表れた。モンゴル国籍の大学院生は筆者に「外に出ても人を見かけないので、寂しく感じる」と語った。海外の大学における調査研究でも、

地方の大学に在籍する留学生は孤独になりやすいと指摘されており（Edgeworth and Eiseman, 2007 ; Kim and Kim, 2021）、本調査でもその傾向が明らかになった。

6．対策

　今回の結果を受け、国際交流センターは経済支援とメンタルケアの取り組みを強化した。

　経済面では、困窮しているとみられる留学生に直接資金援助が届くようにした。例えば、ある北見市民が2021年12月、留学生向けに提供した120万円の寄付金について、学業成績が優秀で、官民からの奨学金が少ない4人を選び、10万～41万円の幅でそれぞれ支給した。従来のように寄付金を国際交流基金に積み立てる方法を改め、寄付者と協議の上、困窮する留学生に即座に対応した。また、これから入国する留学生向けに安価なアパートを提供するため、地元の不動産業者との交渉も開始した。このほか、北海道内の留学生支援団体と連携し、食料や生活物資の配布事業を継続する協議を始めた。

　上記の対策により、資金や物資を受けた学生から「生活費の足しになり、感謝している」といった言葉が寄せられ、一定の効果があったと言える。ただ、「良いアルバイトが見つからず、生活は厳しい」と訴える留学生は減らず、経済面の支援には今後の課題も残る。

　精神面へのケアとして、留学生が孤独に陥らないようなイベントを次々に企画した。感染対策を講じ、スキー研修や林業研修を行ったほか、オンラインを活用した学生同士の交流会や、在札幌ロシア総領事館に協力を依頼し、ロシア文化を紹介するイベントも開いた。

7．結論

　最北の国立大学である北見工業大学に進学した留学生は、教職員の間では、金銭的に余裕のない学生が多いとみられてきた。今回の調査で、こうした経済的事情を考慮して同大学に進学した留学生がほぼ3分の1に上ることが分かった。さらに、仕送りが少なく、奨学金を受けていない学生にコロナ禍の影響は小さくな

く、一部ではそれが学業に支障をもたらしている可能性があることも判明した。地方で少子高齢化が進む中、地方大学にとっての留学生は、地域に活力と多様性を与える存在であり、大学には、留学生の経済的困窮や悩みを軽減させ、勉学に専念できる環境を整備・提供することが求められる。

【注】
1）北海道ガスは2022年1月、その理由について、「冬場のピークを乗り越えるための設備の形成が必要となる」と説明した。

【引用・参考文献】
1）大学コンソーシアム熊本「熊本県外国人留学生の生活・就活状況アンケート　集計結果」(2021) https://consortium-kumamoto.jp/wp-content/uploads/2020/03/b09c094cf08d6fdae62f0863c1dab014.pdf（2022年2月24日最終閲覧）
2）ふじのくに地域・大学コンソーシアム「県内大学の外国人留学生コロナ禍でのアンケート調査結果」(2021) https://www.fujinokuni-consortium.or.jp/wp-content/uploads/2021/04/ba0f6a728d3a049e3f785a73b3438ebb.pdf（2022年2月24日最終閲覧）
3）新型コロナウィルス感染症の影響による学生等の学生生活に関する調査（結果）(2021) https://www.mext.go.jp/content/20210525-mxt_kouhou01-000004520_1.pdf（2022年2月24日最終閲覧）
4）Digital PR Platform「留学生2,000人のアルバイト実態調査」（リクルートジョブズ）(2019) https://jbrc.recruit.co.jp/data/pdf/ryuugakusei_2_fin.pdf（2022年2月24日最終閲覧）
5）日本学生支援機構「令和元年度　私費外国人留学生生活実態調査　概要」(2021) https://www.studyinjapan.go.jp/ja/_mt/2021/06/seikatsu2019.pdf（2022年2月24日最終閲覧）
6）Kim, H. R., & Kim, E. J.(2021). Factors Associated with Mental Health among International Students during the COVID-19 Pandemic in South Korea, *International Journal of Environmental Research and Public Health*. 11381, pp.1-13.（2022年2月24日最終閲覧）
7）Edgeworth, K., & Eiseman, J. (2007). Going Bush : International Student Perspectives on Living and Studying at an Australian Rural University, *Journal of Research in Rural Education*. 22 (9), pp.1-13.（2022年2月24日最終閲覧）

ABSTRACT

Examining the Effect of the COVID-19 Pandemic on International Students at Japan's Northernmost National University

Keiichi Homma

(Kitami Institute of Technology)

<Keywords: International student / COVID-19 / Local / National university / Scholarship>

COVID-19 has had a great impact on university students throughout Japan. Kitami Institute of Technology (KIT), the northernmost among 86 national universities, has been no exception. The International Center at KIT, which is in charge of issues related to international students, has dealt with many problems caused by the pandemic which they have experienced, especially financial hardships. Amidst the ongoing public health situation and its lingering effects, the International Center and its Director conducted a comprehensive survey on the life of international students during COVID-19, in order to enact effective countermeasures in this and future pandemics. In this survey, we focused primarily on the economic situations and mental states of international students. We specifically analyzed how students who were supporting themselves had been affected by this pandemic, something on which preceding studies had rarely reported.

The online survey was sent to 90 international students at KIT and was conducted from November 4 - 18, 2021. The survey included 27 questions, and 55 students responded.

To the question "Why did you choose this university?", 11 responded, "Because the tuition is inexpensive;" 9 responded, "Because the prices of commodities in Kitami are cheap;" and 6 responded, "Because I could get a scholarship." 21 out of the 55 respondents picked one of those 3 answers, showing that they took economic factors into consideration when choosing KIT.

As for the question of "How has your income changed?", 33 out of the 55 answered that it had "fallen", while 21 answered that it was "the same as before". 21 of the 33 respondents who chose the former answer were students who did not receive any scholarship; in particular, undergraduate students without a scholarship faced a fall in income. 83% of respondents chose either "the reduction or suspension of remittances" or "dismissal or reduction of time in a part-time job" as a reason for their fall in income. 15 students whose income had fallen responded that "Because of financial hardships, my academic results were inadequate".

To the question "How has your mental health been affected?", 22 out of 55 answered, "I feel lonely", while 16 answered, "I am dissatisfied with my daily life".

To the question "What do you hope for from this university?" 31 responded with "An increase in the scholarship", while 24 responded with "Provision of food or daily necessities".

As a result of this survey, the International Center decided to give donated funds directly to students who are in need. We also plan to provide them with food and daily necessities.

This survey showed that students who did not receive any scholarship and saw their remittances fall had been experiencing economic hardships which perhaps had a negative effect on their academic results. This tendency is particularly true for undergraduate students who, unlike graduate students, are not fully entitled to apply for tuition fee waivers. It is thus crucial for a local university like KIT to support such international students who face financial hardships during the pandemic.

呉世蓮 著
『日本と韓国における多文化教育の比較研究；学校教育，
社会教育および地域社会における取り組みの比較を通して』

松岡 洋子
（岩手大学）

　日本と韓国は、低所得者層の男性の結婚難、急激な少子化、労働力不足といっ
た共通課題を抱えている。そして、著者が指摘するように、単一民族的排外的傾
向が強い社会に、外国人労働者や結婚移住女性が対応策のない状態でなし崩し的
に急増し定住化した。そのため、受入れ社会は外国人の「異質性」に戸惑い、そ
こから生じた課題に民間を中心に場当たり的に対応してきたという経緯も共通す
る。評者自身は2004年頃から韓国と日本の移民の状況について言語課題を中心
に調査を行ってきたが、当時、韓国では子どもの教育課題はまだわずかしか取り
上げられていなかったし、結婚移住女性の受け入れについても同化的な雰囲気が
強かったと記憶している。外国人労働者の受入れ（流入）は日本が韓国より早い
時期から技術研修という形態の還流型労働力受入れを始めており、韓国は日本の
後を追う形だった。しかし、韓国では在韓外国人処遇基本法（2007年）、多文化
家族支援法（2008年）などの法整備が日本に先んじて進められ、法に基づいた様々
な取り組みが展開され始めた点で日本と大きく異なる。著者は韓国と日本の共通
点として、外国につながる人々の「社会的包摂およびそのための教育が喫緊の課
題（p.4）」と捉えているが、外国につながる人々に対して「社会的包摂」という
概念やその重要性が社会で共有されているだろうか。日本では韓国のような外国
人受入れのための法的整備すら進んでいないのが現状である。
　著者は研究の目的として、多文化・多民族化しつつある日本と韓国における、
外国につながる人々への言語的・文化的な教育活動の比較から、その課題を明ら
かにすると、冒頭で述べているが、本書の中では外国につながる人々への教育活
動だけでなく、受入れ社会側への多文化教育活動の重要性にも言及されている。

研究方法として、比較教育学の「要因分析法」を参考とし、外国につながる人々が多く居住する地域を中心的対象として、多文化教育の取り組みに関する実地調査、インタビューおよび文献・資料調査により比較分析を行っている。本書では多文化教育を、多文化教育政策（第1章）、学校教育（第2章）、社会教育（第3章）、地域社会（第4章）の「4本柱」から捉えている。そして、2章から4章の各章の終わりに、（1）多文化教育の視点から、（2）連携の視点から、（3）国際条約の視点から、比較考察を行っている。

　第1章では、多文化教育の意味と政策について述べられている。政策として関係省庁のそれぞれの「多文化」に関わる教育的な施策について事例をあげ、その変遷が整理されている。これらを見ると、韓国では国、日本では地方自治体が施策の中核を担うという違いが説明されていることがわかる。韓国は中央集権的な政治体制をとるのに比して、日本は地方分権的な性格も併せ持つ。その違いが、多文化教育（的）な施策の在り方にも反映されていることが見られる。

　第2章では、学校教育における多文化教育の取り組みについて述べられている。表2.1（p.51）では、韓国は外国人の在籍児童生徒数、日本は日本語指導が必要な指導生徒数という異なる集団特性の統計が並べられ、韓国の「多文化家庭児童生徒数」（p.53）も示されているが、ここで示された数値や実態が、韓国と日本の「多文化教育」の概念の違いの説明とどのように関連しているのか、もう少し説明がほしいところである。韓国の多文化家族の子どもはすべて韓国語教育の対象とみなされている。一方、日本の「日本語指導が必要な児童生徒」の調査は、日本語指導の必要性を判断する基準が恣意的で、言語教育や学習支援等の必要性の認識やその具体的対応についても、地域差、学校差が大きいが、韓国はどうだろうか。この章では、国際理解教育の施策を整理するにとどまらず、それぞれの国の学校現場での多文化背景の子どもの受入れ先進事例が紹介されているところが読みどころである。どちらの事例も、子どもたちの背景文化を否定・剥奪するものではなく、学校と地域をつなげ、相互理解につなげようとする良例だろう。著者は韓国の場合、母語保持等の対応が見られないことを問題としてあげているが、この点は日本でも実際には対応が難しく、両国に共通の課題であろう。この章のまとめの部分で、日本の場合、外国籍の子どもの保護者に就学義務が課されておらず、希望すれば就学可能となり多様な取り組みが進められているのに対し、

韓国では就学義務ではないが、法令で不法滞在の子どもでも出入国事実証明書の提示によって就学が可能となることが説明されている。不法滞在の子どもの場合、日本でも就学する事例は見られるがそれは超法規的措置であり、子どもの受入れは教育委員会や学校の判断に委ねられている。韓国のように法的根拠を持って就学可能となることは重要だと考えられる。この点について、本書でより強調し、問題提起をしてほしいところである。

　第3章では、社会教育における多文化教育が取り上げられている。日本の社会教育施策については、「国際」をキーワードに多文化教育的変遷が整理されているが、対象としての外国人や「多文化」という文言は文部科学省の社会（生涯）教育施策には見られないと指摘している。一方、韓国の社会教育（平生教育）には、その対象として移住者も含まれ、韓国語教育、多文化家庭の社会適応教育が位置づけられているという特徴が示されている。韓国は中央集権的体制ではあるが、多文化家族については地方自治体がそれぞれの地域の実情に応じた教育施策等を展開していることが紹介されている。これは、在韓外国人処遇基本法および多文化家族支援法施行後、各地に多文化家族支援センター、外国人勤労者センターなどの設置や民間支援機関が各地で活動をはじめたこと、また2008年の法改正によって平生教育に関わる組織改編が地方でも進められたことが背景にあることが説明されている。生活により密着した社会教育は市民の居住地域で行われることが適しており、韓国のこのような変化は意義があると著者は指摘している。さらに本章では、両国の社会教育の具体事例が紹介されている。韓国の事例は多文化家族センターのもので、そこでは、2種類の韓国語・韓国事情教育が行われている。ひとつは、移住女性の就労および子どもの社会統合に資することを目的とした韓国語教育であり、もう一つは法務部が管轄する移住者の帰化を目的とする「社会統合履修制プログラム」である。これらの言語・社会事情教育が社会教育の文脈に位置付けられていることは韓国の特徴であり、日本では社会教育としての位置づけは、自治体によって異なるものの、明確ではない。また、韓国では多文化家庭の子どもを対象としたバイリンガル教育プログラムが社会教育として紹介されているが、学校教育の文脈では位置づけられていないものが社会教育で実現されているのは興味深いことである。この章のまとめに著者は両国の共通性として、地域住民と移住者との交流による相互理解が図られている点を指摘して

いる。一方、相違点としては、日本の事例では日本語学習支援が中心であり、韓国ではバイリンガル教育が行われていることをあげているが、この指摘はあくまで本書で取り上げられた事例の特徴であり、実際の現場では両国とも多様な取り組みがなされている点に言及してほしいところである。また、著者は本章のなかで「学習権」についていくつか指摘しているが、日本の社会教育では日本語を学ぶ権利が保障されている事例はなく、あくまで半公的性格を持つ地域国際化協会等での教育活動例があるだけで、学習権の保障とは言えない。「権利」という用語を使用する際には、その定義を明確に示すべきだろう。

　第4章は、地域社会のNPOの多文化教育的活動事例として、日本の「NPO法人多文化共生センター東京」と、韓国の「国境のない村」、「セナル学校」が紹介されている。いずれの事例も先駆的なもので、多文化教育に関心のある読者にとって読み応えのある好事例である。著者は、本章のまとめの中で両国の事例の共通点として「居住中心主義」という用語を使用しているが、この用語はどのような意味で使われているのだろうか。出身による区別・差別のない活動理念を指しているのだろうか。説明が欲しいところである。一方、相違点として、日本では移住者支援が活動の中心であり、韓国では支援のみならず、受入れ住民も教育活動の対象としていることをあげている。受入れ住民への多文化教育には、住民を主対象とした形態もあるが、外国につながる人々への支援や接触等を通じた形態もあり、日本のNPOの取り組みには後者の形態が実際には多く見られる。何をもって多文化教育と捉えるのか、再整理し考察を進めてほしい。また、ここで「国際条約の視点から」のまとめで、やはり「学習機会の保障」という分析がなされているが、NPOの活動が条約への対応として捉えることには無理がある。先にも述べたように、「保障」「権利」等の用語は慎重に使用すべきであろう。

　いくつか課題も指摘したが、本書全体を通して、読者は日本と韓国という、似て非なる社会が、同じような課題に向き合いそれぞれ変容しつつある様を比較しながら読み取ることができる。本書から、読者それぞれが関心のある課題、取り組みを見出し、これからの社会に必要な多文化教育について考え、行動する契機となることを願う。

（学文社、2021年1月、A5判176ページ、定価3,500円＋税）

中田有紀　著
『インドネシアのイスラーム基礎学習の組織的展開
―学習テキストの創案と普及―』

市 川　誠
（立教大学）

　インドネシアにおいて近年、子どものイスラームの学び方に変化が起きている
という。世界最大のムスリム人口を有する同国で、ムスリムとなっていく「初め
の一歩」のあり方が変わることの意味は小さくない。

　本書によるとそれは、クルアーン読誦学習の新しいテキスト『イクロ』の普及
によってもたらされた。クルアーンは神の啓示の言葉であるため間違って読誦す
ることは避けなければならず、インドネシアのようにアラビア語を母語としない
社会のムスリムの場合、アラビア語を学んでクルアーンを正しく読誦できるよう
になる必要があるが、それは本来時間のかかるものであった。（このことは、例
えば今日のキリスト教では各地の言語に訳された聖書や教義書、典礼が一般に使
われるため、教会やキリスト教系学校での宗教教育が言語の学習をともなわない
のと大きく異なる）これに対し「速習法」とされる『イクロ』では、アラビア文
字と発音記号を覚える学習段階を省略し、発音記号がすでに付与されたアラビア
文字を声に出して読む学習から開始する。これにより、子どもは１年程度でアラ
ビア語でクルアーンを読めるレベルに到達できるようになった。また学習の開始
年齢も早まった。

　『イクロ』は、ジョグジャカルタで地元のイスラーム教育者アスアド・フマム
とモスク青年会によって1980年代に開発された。同時に『イクロ』を用いるク
ルアーン幼稚園やクルアーン児童教室（小学生対象）が開設された。（これらの
クルアーン学習施設は一般に夕方から開かれ、日中の学校とダブルスクールで学
ばれるようである）このジョグジャカルタでの地域的な教育実践は、その後全国
規模の組織であるインドネシア・モスク青年交流会を通じて他の地域に普及して

いった。この結果、従来個々の教師に内容・方法とも任されてきたイスラーム基礎学習は、全国で標準化された教え方へと変わってきている。

　評者なりの試算では1990年頃に最初に『イクロ』での学習を経験した5才の子どもは今では30才代後半のはずで、これより若い世代が「『イクロ』経験世代」ということになると思われる。1才下の者たちが毎年これに加わることで、人口に占めるその割合は年々高まっているはずである。イスラーム基礎学習の変化は、今まさに進行中であるということができよう。

　著者はこの草の根のムスリム・ネットワークによる教育の変革を、インドネシア近現代史の文脈や変革の場となった地域の特性、実践の担い手となった社会集団の特徴に目配りしつつ描くことで、時代的・地理的な広がりのなかに位置づけることを試みている。それは次のような3部の構成による。

　第1部ではジョクジャカルタでの歴史的なイスラーム教育の展開が描かれ、この独立戦争時の首都が『イクロ』を生み出す土壌を有していたことが示されている。すなわち20世紀初頭に植民地宗主国オランダが近代教育システムを導入したとき、この地の土着の人々（プリブミ）はこれを拒絶することなく、イスラームの思想と伝統を維持しつつ必要に応じて近代的なシステムや新しい教育方法を導入していった。（1章）1946年の独立宣言後、この地ではプリブミのエリートによってガジャマダ大学とインドネシア・イスラーム大学が創設され、それぞれ宗教ならびに教育の国立専門職養成機関の礎となった。両大学は独立の象徴的な意味を付与されたシュハダ・モスクを活用しており、ムスリムの学生がモスクに集い、教育・学習活動に関わる契機となった。ムスリム学生が全国の都市部モスクで活動するようになるのは1970年代以降だが、ジョグジャカルタではこれに先んじ1950年代から60年代にそうした機会がみられた。（2章）

　第2部は『イクロ』に焦点をあて、創案のプロセス（3章）と先行するテキスト『キロアティ』との比較（4章）から、その特徴を明らかにしている。ジョグジャカルタ郊外で家業を継いでいたアスアド・フマムはその利益をもとに『イクロ』を創案し、『イクロ』を用いて学習を行うクルアーン幼稚園を開設したが、その際、地元のモスク青年会メンバーの活力とネットワークを生かし、それをサポートすることで新しい学習形態を創出した。これは、個人のカリスマ性やリーダーシップを尊重してきたイスラーム学習の伝統と異なるものであった。また『イク

ロ』と『キロアティ』の相違は、内容や構成よりも、両テキストの指導方針や教師の役割にあった。『キロアティ』が、師から弟子への直接指導を重んじるイスラーム学習の伝統に沿っているのに対し、『イクロ』は新しい指導方法を取り入れ、学習者が主体的に学ぶことを奨励する特徴をもっていた。こうした『イクロ』の特徴は、新しい要素をイスラーム学習に早くから取り入れてきたジョグジャカルタの地域的特性（第1章）を反映していると著者は指摘している。

　第3部は『イクロ』を活用するクルアーン学習施設の全国への普及を取り上げている。インドネシアでは共産主義が勢力を拡大するなか、これに対抗して1963年から高等教育機関で宗教教育の義務化が進められたが、当初は宗教教育の教師が不足した。このため宗教教師養成を目的に大学キャンパスを拠点とするイスラーム教授・学習活動が全国の都市部で活発に行われた。この結果、モスクに集う青年たちの会が各地で結成されるようになった。これらの青年会は次第に相互のネットワークを形成するようになり、1977年には全国規模のインドネシア・モスク青年交流会が開催されるに至った。しかしこの交流会は体制批判活動に関与する者が多いとみなされ当時のスハルト政権の規制を受け活動が一時停滞した。転機となったのは、ジョグジャカルタでの『イクロ』によるクルアーン幼稚園の実践を全国に普及させるべく取り組むという方針を1989年に決定したことで、これが反共産主義を標榜するスハルト政権の支持を得たことにより、交流会は社会的に認知され政府・民間機関と協力関係を築いて発展していくことになった。（5章）こうして1990年代以降、全国規模の組織である交流会により、『イクロ』とそれを用いる学習指導・施設運営のための研修会が各地で行われるようになった。研修に参加し、各地のモスクでクルアーン学習施設を開設していったのは、主に大学に通う学生たちであった。しかし二つのモスクの事例をみると、学生主体で開設されたクルアーン学習施設が、後に地域住民が主体となって運営する形態に変化しており、モスクでの学習活動が活性化していた。すなわちクルアーン幼稚園の開設は、モスクでの学習の改革にとどまらず、住民のモスクへの関わりも活性化していた。（6章）最後にこうした変化の背景として、1990年代にインドネシア・モスク青年交流会が作成したクルアーン学習施設の指導・運営の標準モデルが分析されている。（7章）標準モデルの内容は、従来のイスラーム基礎学習と大きく異なり、歌やゲーム、ぬり絵などさまざまな教材を取り入れ、

学習者にとって学びやすい指導方法を状況に応じてとることを奨励している。さらに、フォーマルな学校（日中の小学校）の学期に合わせた年間カリキュラムが組み立てられ、学校教育と両立して取り組みやすいように構成されている。また運営方法についても、コンテストの開催などを通じて教師や生徒がモチベーションを高める機会が提供されるが、そのなかには交流会の傘下でない学習施設からも参加が可能なものもある。このことは傘下の学習施設を管理・統制するよりも、傘下外の施設にも広く指導・運営の標準モデルを学ぶ機会を設けようとする意図を示している。

　このようにして、本書はインドネシアのイスラーム基礎学習の特質と近年の変容を初めて本格的に明らかにした。序章で著者は、本書が「記述の質を高め、差異の丁寧な分析を蓄積」することで「インドネシアのイスラーム教育研究の充実に寄与しようとする」(p.17) ものであると述べている。この目的は、著者の丹念なフィールドワークと、それにより得られた一次資料や関係者へのインタビューに基づくオリジナリティに富む考察によって十二分に実現されている。

　最後に、評者の問題関心からさらに知りたいと思った点をあげると、新しいイスラーム基礎学習を経験する者の人数はどのくらいであろうか。これは本書で描かれた変容の量的側面であり、その重要性を左右するものと考える。これが示されていないことは、そうしたデータを得ることの困難さをうかがわせるものではあるが、もしそうであるとしても、なんらかの工夫によって量的な様相を間接的にでも垣間見ることはできないであろうか。

　また新しい学習様式が普及していくなか、伝統的な様式のイスラーム基礎学習はどうなったのだろうか。置き換えられすたれていったのか、それとも新旧が併存し伝統的な様式も存続しているのだろうか。このことは、インドネシアのイスラーム教育において、新しい学習様式のもつ意味と関わってくるように思われる。新しい様式が価値中立的でクルアーン読誦学習をより効率的にしただけなのであれば、その採用への抵抗は小さいであろう。一方、もしなんらかの抵抗や批判があるとしたら、それは新しい様式では受け継がれない伝統的学習に固有の特質を示唆しているかもしれない。こうした点も含め、今後のさらなる研究の進展を期待したい。

（東信堂、2022年2月、A5判226ページ、定価3,300円＋税）

小野豪大 著
『ラオスのへき地教育につながる NGO リーダー育成—ローカライゼーション研究の応用—』

新関 ヴァッド 郁代
（産業能率大学）

　『ラオスのへき地教育につながるNGOリーダー育成—ローカライゼーション研究の応用—』及びその英訳版であるLocalizing NGO Leadership in Lao Civil Society. は、2021年9月に北樹出版から出版された。本書では、著者の10年以上にわたるラオス人民民主共和国（以下、「ラオス」）でのNGOのマネジメントから得られた経験と知見を背景に、綿密な理論構築と質的調査を踏まえ、ラオス人によるNGOリーダーシップとそのローカライゼーション（現地化）の可能性に関する実態と課題の分析が行われている。

　本書は、序章に続き3章及び補章（和文書のみ）で構成されている。序章では、1975年に社会主義国家として建国したラオスの社会情勢とその社会発展を支える国際NGOの役割に言及し、本書の課題が明示されている。国内では、少数民族の居住地である山岳地域を中心に貧困や社会開発等の課題が特に深刻な事態に る。そのため、これらの地域では国連等の多国間援助や先進国による二国間援助に加え、草の根的な活動を展開する国際NGOによる社会開発支援が不可欠となっている。一方、法的側面の不整備や結社・言論の自由といった国民の権利への制約を理由に、ラオス人によるローカルNGOは皆無に等しい。そこで、ローカルNGOのオルタナティブな存在として、著者は国際NGOのローカライゼーションに着目し、ラオス人による組織マネジメント能力及びリーダーシップ能力の強化を組織育成過程の最重な要素として位置づけ、研究の焦点化を行っている。

　第1章で著者は、NGO組織の文脈におけるローカライゼーションを、国際NGOがその組織マネジメントの主体及びイニシアチブを国際側（外国人駐在員）から現地側（現地職員）に移譲するという組織的変革の過程であると定義してい

る。更に、世界各国のNGOの展開モデルを踏まえつつラオスにおける国際NGOのローカライゼーションの度合いを測るフレームワークを構築した。そのうえで、著者はローカライゼーションの過程をリーダーシップの育成と権限移譲のプロセスそのものと捉え、リーダーシップ能力の強化の重要性を強調している。

第2章では、ラオス人及び外国人駐在員を含むNGOリーダーの経験者を対象に質的調査を行い、ラオス人主導のNGOマネジメントとそのローカライゼーションの可能性について分析している。著者は「ローカライゼーションの認識」「組織的マネジメント」「ローカライゼーションの理念と実践」「NGOリーダーシップとマネジメント」「国際社会発展と現地NGOの可能性」の観点から分析・考察した結果を踏まえ、ローカライゼーションとリーダーシップについて本書で掲げた6つの副次調査課題に対し、それぞれ綿密な考究を加えている。

終章では、ローカライゼーションの達成を支えるリーダーシップの育成に焦点を当て、ラオス市民社会の発展を実現するための人材育成における課題を提示している。「ラオスの国際NGOのローカライゼーションの過程において、最も主要な能力育成分野は何かを明らかにする」という本書における主要調査課題に向き合い、前章までの考察を踏まえつつ「戦略的リーダーシップ」がローカライゼーションにおける能力育成の最も重要な局面であると結論付けた。

補章では、本書の題目であるラオスのへき地教育の改善につながるNGOの役割を視座に、現代の教育開発に対する知見を提供している。50民族を内包する多民族国家のラオスでは、へき地を中心に公用語のラオス語を母語としない少数民族が多く居住している。ハード・ソフト両面で教育開発の遅れが目立つへき地地域においてNGOの関与が不可欠とされるなか、現地の学校教育活動におけるNGOの積極的な支援を通して、へき地の子どもが将来、地域のリーダー及びNGOリーダーとなるための働きかけが重要であると強調している。

「誰一人取り残さない教育」の実現を掲げるSDGsの達成期限が2030年と間近に迫るなか、発展途上国の社会発展及び教育は未だ多くの課題に直面している。本書は、それらの課題に対して草の根レベルで立ち向かうNGOのローカライゼーションに関し、実践を視野に入れつつ理論的枠組を丁寧に構築した貴重な一冊である。ぜひご一読いただきたい。

（北樹出版、2021年9月、A5判、101頁［英文書77頁］、定価1,500＋税［英文書1,200＋税］）

ミクロネシア地域の教育研究会　編
『マーシャル諸島共和国、ミクロネシア連邦、パラオ共和国における学校教育　ミクロネシア地域の教育事情に関するオンラインセミナー開催報告』

澤田　敬人
（静岡県立大学）

　教育学のみならずミクロネシア地域に関する学術的研究は、欧米やアジアを対象とする研究と比較して圧倒的に少ない。ミクロネシア地域と日本との国際的な交流は1997年以来太平洋サミットが継続的に開催され、その中で教育や文化交流が議題に上るなど、太平洋を媒介にした絆を深化させるための動きが見られる。本研究では日本との関係が深い当該地域の歴史教育について、これまで不足していた研究の深化を期し、現地の初等・中等教育における社会科教育および歴史教育の現状と課題の整理を試みた。

　ミクロネシア地域の教育研究会と称する本研究組織のメンバーは、玉井昇（獨協大学）を研究代表者とし、渡辺幸倫（相模女子大学）、川崎典子（宮崎大学）を研究分担者として構成されており、さらに研究協力者として、大学院生の相沢友紀、奥田梨絵の他、Hannah Lafita（マーシャル諸島共和国教育スポーツ訓練省）、Junior Paul（同左）、Wayne Mendiola（ミクロネシア連邦共和国教育省）、Raynold Mechol（パラオ共和国教育省）、Pillar Ngiraswei（同左）が参加している。

　2019年度にパラオ教育省や現地の学校を訪問しインタビュー調査を実施する。ところがその直後から新型コロナウィルス感染症拡大の影響で現地への渡航が禁止され、訪問調査を延期するなど研究計画の変更を余儀なくされた。この間にオンラインで調査を進めるとともに、その一環としてマーシャル諸島共和国教育省から講師を招聘して公開オンラインセミナーを開催した。ミクロネシア連邦についてもオンラインで現地教育省から情報を収集しつつ公開オンラインセミナーを開催した。パラオ共和国教育省についても同様に公開オンラインセミナーを実施した。コロナ禍にあってオンラインによる調査とその結果の公表を目指した。一

次調査に近い形での調査結果をオンラインによる情報提供の形で公開するために、ミクロネシア地域の教育省職員のセミナー開催報告を中心に、現地の社会科教育と歴史教育の調査結果に基づく情報を本報告書にまとめた。

第 1 章はマーシャル諸島共和国教育スポーツ訓練省の Junior Paul と Hannah Lafita を講師とする "A Special Seminar on Education of the Republic of the Marshall Islands: Digest of Education Statistics 2018-2019 and beyond（August 6, 2020）" の原稿で構成されている。川崎典子が概要を説明している。このセミナーではマーシャル諸島共和国の一般情報を伝えつつ、公教育システムと教育予算の概況を示し、公教育の課題を挙げた。マーシャル諸島共和国における教育省のミッションは、平和で生産的であるマーシャル諸島共和国の要として子どもたちを位置づけ、教養をベースに批判的思考ができる自律した問題解決者として育て、文化的能力とグローバル対応能力を備えた人材として成長するよう促すことである。このミッションに基づく教育を可能にする法と予算について概況を示している。

このセミナーには当該国の教育に関心のある聴衆が集まり、セミナーの後半部では参加者から21の質問が寄せられた。新型コロナウィルス感染症対策、教育行政とスポーツ行政、大学の教員養成、マーシャル語の教育とアイデンティティ、持続可能な開発のための教育などの質問があり、すべてについて行政に携わる者として的確に回答した。

第 2 章ではミクロネシア連邦共和国教育省の Wayne Mendiola によるオンラインセミナー "A Special Seminar on Education of the Federated States of Micronesia: Achievements and Challenges（August 4, 2021）" を掲載した。奥田梨絵がセミナーの概要を説明している。このセミナーでは、ミクロネシア連邦の一般情報、教育に関する法的権限、教育組織の形態、教育指標、教育財政、課題と達成について説明している。ミクロネシア連邦教育省のミッションは、市民がミクロネシア連邦、大洋州コミュニティ、世界へと貢献する統一化された教育システムの元で、質の高い教育システムのための運営と調整を先導し、高い教育水準の達成を支援するとともに、学習者の要求を満たすことである。アメリカ型の教育システムを土台にしつつ、ミクロネシア連邦の実情に合った教育システムを構築している。

近年では生徒の学力を標準化された指標で把握するために、National Minimum Competency Test（NMCT）と Pacific Island Literacy and Numeracy Assessment（PILNA）の実施に力を入れている。標準化は学校への評価においても進められ、ミクロネシア連邦の学校評価システムでは6つの指標に基づき学校のレベルを4つに分ける。新型コロナウィルス感染症対策を含む課題においては最高レベルから最悪レベルまで複数のシナリオを描いて綿密な対応を試みている。セミナーでは義務教育期間の検討、教員の給与と待遇、職業訓練の内容、歴史教科書の使用状況、日本統治時代の歴史記述など20の質問に対して丁寧に回答した。

　第3章ではパラオ共和国教育省のRaynold Mechol による "A Special Seminar on Education of the Republic of Palau: Past, Present, and Future（August 16, 2021）" を掲載している。相沢友紀が概要を説明している。パラオ共和国教育省は2004年に「パラオの児童・生徒はパラオ人社会および世界で成功する」とのミッションを定めた。さらにこのミッションを完遂するためのマスタープランを設計している。初等教育8年、中等教育4年という特色があり、義務教育が6歳から17歳までとなっている。公立学校における児童・生徒の評価では標準化された指標を取り入れており、Quarterly Assessment Tests、Palau Achievement Test、English Reading Assessment、Iowa Assessmentなどがそれぞれの目的に応じて実施されている。

　教育省の取り組みとして教員と学校長のための専門性開発を進めており、学位未取得の教員の研修先としてアメリカの教育機関を含めた連携を試みるなど積極的である。持続可能な開発のための教育については、パラオ共和国は限られた資源の保全と環境保護、さらには災害への対応を含めて児童・生徒に教えており、環境と資源の保全に関するリーダーを自認している。また、十分な資格のある教員の採用のために他の職業との競争力を高める努力の必要を自覚するなど教育行政の将来を正確に見据えている。

　セミナーの後半部分では講師に寄せられた質問に回答している。留年した児童・生徒のための教育システム、アンガウル州での日本語公用語、離島出身者のパラオ語学習、持続可能な開発のための教育と教科の関係、日本統治時代の歴史と教科書記述、新型コロナウィルス感染症に関連する制限、アメリカへ移住後に帰国

した人々、パラオ人の非核憲法への評価などの22の質問への回答はすべて的確であった。

　これらのオンラインセミナーの関係者が事前準備、開催当日の運営、事後の対応にどれほど力を尽くされたかは渡辺幸倫の「「おわりに」にかえて：オンラインセミナー実施の流れ」を読めば理解できる。セミナーについて初回は手探りでも２回目からは効率的な運営が可能になったとあり、文字にすることのできる情報の収集とそれらの一部の公開を研究手法の透明化と意味づけて、今後の調査研究への意欲を示している。新型コロナウィルス感染症の困難がある中で研究をやり遂げようとする研究者の意欲に支えられた、尊い研究であることがわかった。

（2021年12月、A4判115ページ、非売品）

Peter J.Anderson, Koji Maeda, Zane M. Diamond, Chizu Sato (eds.),

Post-Imperial Perspectives on Indigenous Education: Lessons from Japan and Australia

Zane M. Diamond
(Monash University)

This book offers a unique perspective on how ancestral and modern education approaches have shaped the education of Indigenous peoples in Japan and Australia. This is an edited collection curated by a group of colleagues, Maeda and Sato from Japan and Anderson and Diamond from Australia who have been working in collaboration over a number of years. They have gathered together a group of academics whose research spans the disciplines of Indigenous Education, Teacher Education, Indigenous Studies, Educational Anthropology, the Sociology of Education, and Educational Leadership who share a sub-field of interest in international and comparative perspectives within our chosen fields of expertise.

Historically, the nations of Japan and Australia have had little to compare directly in educational terms. The *United Nations Declaration on the Rights of Indigenous Peoples (UNDRIP)* – a non-binding document adopted by the UN on 13 September 2007 – provided a unique opportunity for Japanese and Australian scholars to collaborate in the field of education.

In 2008, the Government of Japan recognised the Ainu as an Indigenous people (Advisory Council for Future Ainu Policy (ACFAP), 2009) and began developing an Ainu policy that has now been formally ratified (the *Ainu Policy Promotion Act, Act no. 16 of 2019)*. In 2009, the Australian Government endorsed the *UNDRIP* (AHRC, 2009). This collection highlights that while Japanese and Australian histories are quite different, efforts in both countries to educate Indigenous peoples has followed similar approaches.

Overall, this book comprises twelve chapters. Chapter 1 by Anderson, Maeda, Diamond and Sato introduces the theoretical and philosophical framework for the collection. Chapter 2, by Sato and Diamond provides a history of Indigenous education in Japan and Australia prior to the endorsement in each country of *UNDRIP*. In Chapter 3, Okano examines the place of Indigenous peoples in multicultural education, and she examines multicultural policy debates, and practices in both Australia and Japan for how Indigenous people's education needs have been met or obscured within such debates. In Chapter 4, Maeda examines whether higher education in Japan before the proclamation of the *UNDRIP* included the Ainu. In Chapter 5, Holt examines pre-*UNDRIP* developments for Indigenous Australians in Australian higher education. Chapter 6, by Diamond and Sato, examines challenges and responses to *UNDRIP* in Australian and Japanese Indigenous education. In Chapter 7, Anderson, Diamond and Diamond examine research about how to embed Indigenist Perspectives into Australian pre-service teacher education. In Chapter 8, Kakazu and Saito discuss the Okinawan people of Japan and how the Okinawan have maintained their social, cultural and political characteristics through education. In Chapter 9, Gayman and Ueno question current issues in the higher education sector for Japan's Ainu people through the lens of the two rights to education enshrined in Article 14 of the *UNDRIP*. In Chapter 10, Anderson and Diamond discuss the challenges facing Australian universities post-*UNDRIP* in attempts by universities to stabilize and sustain Indigenous leadership. In Chapter 11, Maeda and Okano revisit research they undertook in 2013 to examine the significance of building Ainu-led higher educational systems and the empowerment of the Indigenous Ainu. Chapter 12, Goerke and Anderson examine the strengths and limitations of the concept of Reconciliation for guiding Australian Indigenous higher education into the 21st century.

(Routledge, Oct 6, 2020 (302 pages, € 190))

公開シンポジウム
「共生社会における先住民族政策とは—アラスカと北海道の結節点」
〈司会者総括〉

牛渡　淳
（仙台白百合女子大学）

　本シンポジウムの目的は、アラスカ出身の在北海道研究者と北海道・日本のア
ラスカ研究者が、相互の立場からアラスカ先住民族との共生社会に向けた先進的
な取り組みをとらえることで、アラスカと北海道の結節点を明らかにし、民族共
生社会に向けた先住民族政策と教育の新たな可能性を明らかにすることにあっ
た。

　シンポジストは、アラスカ大学アンカレッジ校人間発達センターの伊藤太陽氏、
北海道大学のJeffry Joseph Gayman氏、北海道教育大学の玉井康之氏の三人で
あった。また、指定討論者として、元在アラスカ州アンカレッジ市立サンドレイ
ク小学校教諭で元在アンカレッジ日本国総領事館職員の岩崎和久氏が指定討論を
行った（岩崎氏は当日出席できなかったため、氏の報告が代読された）。

　まず、伊藤氏は、「アラスカ先住民族教育の歴史から考える民族共生」と題す
る報告を行った。アラスカの歴史と先住民族の教育の歴史をたどりながら、同化
政策として始まった学校教育が、特に、1960年代の全米的な人権運動や、1971
年の「アラスカ先住権益措置法（ANCSA）」の成立（先住民族の土地を譲渡す
る代わりに9億6250万ドルが先住民族に支払われた）を背景として、アラスカ大
学は、連邦政府やアラスカ先住民族連合から予算を確保し、1990年代より大規
模な学校改革を開始した。その結果、現在は、学校教育が教員と地域が共同で作
り上げる多文化的で動的なものへと変化を遂げていることが報告された。その中
でも、アラスカ先住民族会議を中心として、学術研究を通してアラスカ先住民族
教育を改善する取り組みが続いていることが紹介された。そして、こうした動き
は、民族共生のために教育が果たす役割の重要性を物語るものであり、アラスカ

は先住民族教育を通した民族共生における成功例であると考えられている。しかし、アラスカ先住民族が植民以前の伝統的な生活や教育方法を完全に取り戻すことはできず、現在も米国社会の中で苦悩しながら生きており、アラスカの民族共生社会は、アラスカ先住民族の長年にわたる努力と妥協の上で成り立っているという。

　次に、Gayman氏は、「北海道に生かすアラスカの先住民族共生活動の理念と実践」と題する報告を行った。まず、国際的な先住民族教育運動、および、比較検討する際に必要な三点の視点が紹介された。その上で、「先住民族教育の展開と特徴」として、「伝統知と現代知の二つの知の必要性」、「先住民族の文化を『通して』コミュニティの自立的な開発をめざすこと」、「カルチュラルススタンダード」が重要な役割を果たしていること、が挙げられ、アラスカ州の具体的な事例が紹介された。次に、こうした諸外国の理念や方策を北海道に適用する際の留意点と展望が述べられた。まず、前提としての「制度的な違い」として、アラスカ州は米国政府の先住民族法の対象地域であり、また、1971年の「アラスカ先住民族請求処理法（ANCSA）」の成立によって、アラスカ先住民族の社会政治的な地位が向上したが、アイヌの場合は、民族としての集団的権利及びそれに付随する社会経済的な影響力を有しておらず、まだ「スタートラインすら立っていない」という。現在の「アイヌ施策推進法」が2024年に見直しの予定であり、その時に、公教育にアイヌの先住民族の文化と言語を法的に位置づけたり、アイヌ民族への肯定的な世論形成に向けた努力が求められるという。また、「文化の包摂の度合いや自意識」についても、アラスカでは現在も生きた生活文化であるのに対して、アイヌは彼らの生活文化を断絶されてからほぼ150年経ち、言語と文化に大きなダメージを受けており、教材開発や心のケアが必要であるという。

　最後に、玉井氏は、「先住民族教育関係者の合意形成と共生社会化—アラスカの先進性に学ぶ—」と題する報告を行った。まず、アラスカの開拓と教育の歴史を外観した上で、現在、先住民族の「スタンダード」「ガイドライン」を中心とした学校・地域・教育委員会の「合意形成」と「順守義務」が大きな役割を果たしていること、さらに、先住民族教育を科学的・専門的な見地から支えるアラスカ大学の役割について紹介した。また、先住民族教育を推進するアラスカ大学の教師教育とカリキュラム開発について、専攻と関係団体、マルチカルチュラル・

カリキュラム、地域学としてのアラスカ・スタディ、教育実習とその専門指導体制、教職課程への先住民族の積極的受け入れ体制等が、詳しく紹介された。最期に、アラスカ先住民族との共生社会実現のための教師教育の目標・観点と教訓が示された。

　以上の三人のシンポジストによる報告に対して、指定討論者の岩崎氏からの報告が代読された。

　以上の4人の報告の後に、質疑応答に移った。まず、司会者の牛渡から、報告者に対して質問を行った。伊藤氏に対しては、「学術研究を通して先住民族教育の改革が進められている」点に関して、先住民族の大学教員や大学院生を増やす政策、例えば、アファーマティブ・アクションのような政策が存在するのかという質問を行った。これに対して、伊藤氏からは、アラスカ大学が先住民族の生活をよくする大学を目指しているため、先住民族の研究者や大学院生を多く雇うという方針はあり、先住民族研究の博士課程もおかれており、多くの先住民族の学生が博士課程で学んでいるという。

　次に、Gayman氏に対しては、まず、我が国の大学におけるアイヌ民族の状況について質問を行った。さらに、アラスカの理念を北海道にどう生かすかという点で、「2024年予定のアイヌ施策推進法の見直し」や「肯定的な世論形成に向けた努力の必要性」を指摘した点に関して、具体的にはどのようなものを考えているかを尋ねた。これに対して、Gayman氏は、例えば、札幌大学のプログラムを紹介し、アイヌ民族出身者に対して4年間の授業料免除やアイヌ文化の特設コース等が制度化され、札幌大学から北海道大学の大学院に進学しているアイヌ民族出身学生がいること、また、北海道大学は、最近二人のアイヌ民族出身の大学教員と一人の博士課程研究員を雇っているが、アラスカと比べればまだまだという。「肯定的な世論形成」については、「先住民族の人を応援することが、みんなの利益につながること」を伝える必要があること、先住民族を排除する歴史の根底には自然破壊などに通ずるものがあり、資本主義経済の成長を肯定する思想を捉え直すためにも、先住民族の哲学や伝統文化を見直すことが大切であること、先住民族の伝統知を大切にする可能性を探すことを先住民族の人たちと共に検討する必要があるという。また、アイヌ民族の集団的権利の確立を応援すべきであり、それがいったん認められれば、学校教育の中でアイヌ語やアイヌ文化を正式に位

置づけることができるし、それができやすくなるという。

　最後に玉井氏に対しては、アラスカのように、先住民族のために「合意形成」によって学校教育や教師教育のスタンダードを作るという方策を、我が国でも採用する可能性はあるか、あるいは、どのようにすれば可能かという質問を行った。また、アラスカ大学での「科学的根拠に基づいた教材づくり」に関して、北海道の大学の教師教育の場で、先住民族に関する教育や教材開発はどのように行われているのかと質問した。これに対して、玉井氏は、スタンダードを日本に持ち込む時には、日本の法律の縛りが前提にならざるをえず、そのまま導入するのは無理であると答えた。また、一つ一つの教材開発はできるが、その体系化は難しく、この点が今後の課題となっていること、今の日本の教科書には地域にそぐわないものが含まれており、身近なところから教材化すべきこと、北海道の自然、文化、先住民族の具体的な教材化はこれからという段階であるとの説明がなされた。

　以上、司会者の質問に対するシンポジストからの回答が終わったところで、フロアーからいくつかの質問が出された。まず、2007年に「先住民族の権利宣言」が出されたが、2007年以前と以後では、アラスカ州の先住民族の教育政策はどのように変わったのかという質問であった。これに対して、玉井氏は、アラスカ州においても「先住民族の権利宣言」が「追い風」になったこと、そして、こうした政府の方針は大学の先住民族教育にも大きな影響を与えたという。

　次に、ANCSAは、先住権を放棄しているため先住民族の「権利論」の立場から評判が悪いのではないか。また、先住民族は、地球温暖化の影響によって従来の暮らしができなくなっている。権利保護の観点から、どういう施策が考えられているのか、という質問が出された。

　これに対して、まず、伊藤氏は、ANCSAについては賛否両論があり、それによって、ある権利が奪われ他の権利がトレードオフで与えられたという面があるが、他方、ANCSAのおかげで先住民族の子どもたちが奨学金を得て大学に行くこともできるようになったのであり、他の48州よりも経済的な面において成功していると言える。また、地球環境問題に関しては、アラスカ州は、北欧やカナダの大学と一緒に「U-Arctic 連盟」に参加しており、北極圏の環境問題への対応について話し合っている、との答えであった。

　さらに、Gayman氏からは、地球環境の問題に関しては、科学的根拠に基づく

教材づくりのプロジェクトの裏には、気候変動と先住民族の伝統的知恵の関係を国際的に検討する試みがあり、ラスカ大学の科学に基づいた教材は、地球環境問題に関する世論の関心を高めるために役立ったと言えること、ANCSAについては、これによって、先住民族の会社や経済的基盤ができ、アラスカ先住民族の医療センターを作ったり、奨学金制度も作り、日本のアイヌ民族と比べると優遇されており、この点で、アイヌ民族はまだスタートラインにも立っていない、との答えであった。

　最期に、各シンポジストに一言感想を述べてもらったところ、伊藤氏は、「伝統知と科学の融合」について、アカウンタビリティー政策が進んでいるので、今後の展開に関心があること、Gayman氏は、北海道にアラスカの経験を導入することに今後も関わっていきたいこと、特に、「先住民族が共生を目指す」という視点が大事であると感想を述べた。玉井氏は、民族問題と社会制度に関しては意識改革が、教材開発に関しては、科学と文化の融合、身近なものと普遍的なものを結びつけることが大事であり、先住民族に学びたいと述べた。

　以上、本シンポジウムによって「共生社会における先住民族政策」についての理解が深まり、アラスカと北海道の結節点から、今後の北海道における「共生社会」に向けた先住民族政策の在り方と教育を考えるための多くの手掛かりが得られたと思われる。

公開シンポジウム
「共生社会における先住民族政策とは―アラスカと北海道の結節点」
アラスカ先住民族教育の歴史から考える民族共生

伊藤 太陽
（アラスカ大学アンカレッジ校）

〈キーワード：アラスカ先住民族／多文化・多言語教育／脱植民地化／教育主権〉

1. アラスカ先住民族の伝統的教育

　広大な北の大地で1万年以上の間生き続けてきたアラスカ先住民族は、生活の
あらゆる面において自然とすべての生き物に宿る精霊を尊重するという世界観を
大切にしてきた。その中で、アラスカ先住民族文化に根ざした教育のあり方が培
われ、代々引き継がれてきた。具体的には、大人の所作や自然環境を注意深く観
察したり古老から口承物語を聞いたりすることで、子供は生き延びる知恵・技能
だけでなく文化や歴史を学んできた。このようなアラスカ先住民族の伝統的な教
育が実践されることは、現在では稀である。それは、植民地支配により自足自給
の生活を営むアラスカ先住民族が次第に減っていき、アラスカ先住民族の子供は
学校に通うようになったからである。しかし、アラスカ先住民族の伝統的な教育
方法と教育哲学は、後に学校教育の中で重要な役割を果たすこととなる。

2. 植民者による同化教育

　18世紀にアラスカを植民したロシアは、露米会社（Russian American
Company）という毛皮勅許会社を設立し、奴隷にしたアラスカ先住民族のアレ
ウト族にラッコを狩るよう命じた。露米会社はアレウト族に簡単なロシア語の読
み書きや航海の技術について体系的に教えた。これがアラスカに設立された最初

の学校ということになるが、その目的はアレウト族を露米会社で働かせるための訓練という実に利己的なものであった。同時期に、ロシア正教会の宣教師たちも南アラスカに学校を建て、教育を通したアリューシャン民族の改宗を試みた。

1867年、クリミア戦争での疲弊により、ロシアはアラスカを米国に売却した。これを機に、長老派をはじめとする教会の宣教師がアラスカ先住民族向けの学校をアラスカ各地に開いた。1884年に成立した第一次自治法（First Organic Act）は、人種にかかわらずすべてのアラスカの子供に学校教育を与える義務が連邦政府にあると規定したが、アラスカ先住民族の教育は引き続き教会を中心に運営されることとなった。これらの学校の目的は米国社会への同化と改宗であり、宣教師は英語のみを用いた厳格な教育をアラスカ先住民族に対して施した。このような同化教育は、アラスカ先住民族の文化と言語を絶滅近くまで追いやり、トラウマの世代間連鎖を生み出す原因となった。

3. 人種差別と学校隔離

ゴールドラッシュによる急激な白人人口増加を受け、連邦政府は1905年にネルソン法（Nelson Act）を制定し、白人または「文明化された生活を営む」混血の子供のみが通うアラスカ自治政府運営の学校が新設された。純血のアラスカ先住民族の子供や、アラスカ先住民族の言葉を話したり伝統的な狩猟をしたりする者は、新設の学校に通うことが許されなかった。その結果、アラスカ先住民族が隔離される学校教育制度が誕生した。

19世紀後半に連邦政府のインディアン事務局（Bureau of Indian Affairs）が運営を始めた先住民族向けの寄宿学校は、アラスカ先住民族の隔離を助長した。地元で学校教育を受けられないへき地のアラスカ先住民族の子供は、原則アラスカ州内外の寄宿学校に送られた。多くの寄宿学校では先住民族の言葉を話すことが禁止されており、体罰や性的暴力がしばしば横行した。また、家族と離れて異郷の地で教育を受けることには心理的な障壁が伴うため、アラスカ先住民族の生徒がアイデンティティの崩壊を経験したり自殺をしたりする例も少なくなかった。

1929年には2人の混血の少女たちがケチカン公立学校から追い出されたことを人種差別だとして教育委員会を相手に訴訟を起こし、クリンケット族の弁護士

であるウィリアム・ポール（William Paul）が勝訴したが、それでもなおこじつけの理由で混血の生徒の入学を拒否する学校が存在した。学校隔離の蔓延の裏には、「不潔」なアラスカ先住民族と同じ学校に子供を通わせたくないという白人入植者の人種差別があった。1943年、アラスカの司法長官は、「不潔」という固定観念はアラスカ先住民族の子供を学校が受け入れ拒否する理由として不十分であり、他の子供と同じように身なりを整えているアラスカ先住民族の子供はどの学校にも入学できるはずである、という意見を表明した。彼の意見により、アラスカ先住民族の学校隔離政策は公式に撤廃された。また、アラスカ先住民族に学校教育の機会公平が保障されたことは、アラスカ原住民組合（Alaska Native Brotherhood）の尽力により1945年にアラスカの議会で成立した反差別法（Antidiscrimination Act）と相まって、後の人権運動に繋がっていった。

4. 人種運動と教育改革

　1960年代半ば以降10年間は、全米で人権運動が盛んになった。そのような社会情勢の中、1966年にはアラスカ先住民族同盟（Alaska Federation of Natives）の結成やアラスカ先住民族の州議会議席獲得など、アラスカ先住民族の権利を勝ち取るための運動も活発化した。その結果、1971年にアラスカ先住権益措置法（ANCSA; Alaska Native Claims Settlement Act）が成立し、アラスカの土地の権利が実はアラスカ先住民族に属していたということが正式に認められた。この法律により、4400万エーカーの土地がアラスカ先住民族の所有となり、残りの土地を州・連邦政府に譲渡する代わりに9億6250万ドルがアラスカ先住民族に支払われた。この補償金は、各地域に新設された12のアラスカ先住民族会社と200以上の村会社の資本金として分配された。

　土地の権利を手に入れた上に営利会社の運営をすることになったアラスカ先住民族は、ビジネスや自然資源管理について学ぶ必要があった。言い換えれば、アラスカ先住民族にとっての中等・高等教育の重要性が増したということであり、これは数々の教育改革を促進した。例えば、1972年にはモリー・フーチ訴訟（Molly Hootch case）と呼ばれる集合代表訴訟により、へき地の小さなアラスカ先住民族の集落に高校を設置することが同意審決された。これにより120校以上の高校

がへき地のアラスカ先住民族の集落に建てられ、ほとんどのアラスカ先住民族の子供が地元を去らずに高校までの教育を終えることができるようになった。高等教育においては、ANCSA後に地方のコミュニティカレッジだけではなく都市部のキャンパスでもアラスカ先住民族の生徒の数が急激に増加し、アラスカ先住民族の職員が中心となり高大接続のためのサマーキャンプや学習支援などのサポート体制が整備された。1990年代には、アラスカ大学の研究者がアラスカ先住民族や教育関係者と連携して大規模教育改革を行い、アラスカ先住民族の文化に根ざした初等・中等教育カリキュラムが開発された。このような教育の脱植民地化と文化応答化の取り組みは現在まで続いており、例えば毎年開催されるアラスカ先住民族会議では、アラスカ先住民族の学者を中心に学術研究を通してアラスカ先住民族教育を改善する方法について活発に議論がされている。

5. 脱植民地化と教育主権

　以上の教育史の概観から、アラスカの学校教育は植民者により同化を目的として始まったが、のちに先住民族の人権運動に貢献することとなったという転換が見て取れる。アラスカの教育のあり方は米国の世論に強い影響を受けた一方で、この転換の背景には、アラスカ先住民族自身が政治的・学術的なアプローチにより教育主権を取り戻す努力を続けてきた事実がある。教員雇用やカリキュラム選定など教育のあらゆる側面において人種差別が存在したこと、そしてそのような教育制度をアラスカ先住民族自身の手で脱植民地化しつつあるということは、アラスカ先住民族のレジリエンスを象徴している。

　今日、米国は多様な人々が共生する社会の実現を目指している。しかしながら、それは先住民族にとって、後から入植してきた他民族との共生を試みるという一方向の努力のみを意味する。過去の同化教育や人権運動に関する先住民族の体験を知り理解することは、植民者の立場から定義された公平性に欠く共生社会の概念を再定義する第一歩となる。真の共生社会を目指すためには、教育の中で「当たり前」と思われている政策や実践を再考し、脱植民地化することを絶えず試みることが必要である。アラスカ先住民族が伝統的な教育方法と教育哲学を取り戻すための取り組みは、現在も続いている。

公開シンポジウム
「共生社会における先住民族政策とは—アラスカと北海道の結節点」
北海道に生かすアラスカ先住民族共生活動の理念と実践

ジェフ・ゲーマン
（北海道大学）

〈キーワード：アラスカの先住民族教育／国際先住民族教育運動／伝統知／アイ
ヌ民族／地域に根差した教育〉

1. はじめに

　筆者は2004〜2005年の二年間をアラスカ大学の先住民族教育研究科で過ごし、
以降はずっとアイヌのための教育システム（K〜12、大学）の構築可能性を探
ってきた。本心はアラスカ州の先住民族のための教育的取り組みの虜となってい
るが、本稿ではやや批判的な視点も取る。

　本稿は文化、言語、エスニック・アイデンティティは人々のウェルビーイング
にとって大切である、という前提に立っている。多様な言語や文化が繁栄するこ
とは人類の幸福につながる、と考える。しかし、現在、世界の多くの固有の文化
と言語はグローバル化や近代化といった脅威にさらされている。本シンポジウム
はその中で、特に深刻な危機にさらされている先住民族を対象としている以上、
先住民族が直面している課題をしっかりと自覚しなければならないと考える。と
りわけ、北海道に生かすアラスカの活動の理念と実践を考える上で、先住民族教
育の世界では最先端の事例とみなされるアラスカでも、その成果は不断の努力の
上に立っており、また、「一人の古老の死は図書館一つが全焼するに等しい」と
いう格言が示しているように、今日でも状況は油断を許さないことを忘れてはな
らない。

　本稿はアラスカの取り組みの理念と実践を、筆者が「国際先住民族教育運動」（ゲ

ーマン 2012）と称したことがある学術的・実践的な動きと関連づけながら、とりわけそれが１）「先住民族社会と固有文化」を発展させるという優先事項、および２）権利の確立・回復の優先事項の要素を基本としており、そこから独自の教育方法論や形態が開発されていることに特徴がある、と主張する。また、その事は先住民族が経験してきた歴史や現在置かれている状況と不可分に関係している、という点も確認したい。この原理・原則が教育に限らず、先住民族による様々な事業において、先住民族の文化的特徴を生かすための戦略として、現れているという捉え方が重要であると考える。そうした見解から本日のシンポジウムに取り組まなければ、アラスカの成果を日本へ適用するに当たって、最大限の効果は得られないし、困難も予測される、と考える。

　その点を確認した上で、北海道での適用可能性について、いささかのコメントを行うが、その際、更にそれぞれの先住民族が包摂されている社会（国民国家）の制度（教育、福祉、医療、ビジネス、等）に組み組まれていることに対応しながら先住民族が戦略的に活動を展開する必要性にも迫られている、ということも押さえておきたい。すなわち、世界の先住民族は「植民地化」いう共通の歴史的課題を抱えている一方、現在その先住民族が居住している社会の中で固有の、先住民族政策の歴史や現状、先住民族に対する市民社会の意識、そして先住民族の包摂の度合いや自意識が必須の検討事項であり、一つの国で成功した事業が他の国で同様の結果を必ずしも生まない可能性がある事を念頭においておきたい。

2.「伝統知」と「現代知」の間に適合性をもたらす

　本稿では、「伝統知」という表現を利用するが、ここで「伝統知」は、「特定の環境に長年居住し、そこの自然・人的要素との包括的で密接な関係性の中で築かれる認識方式および生活様式の基礎を成し、また、そのような関係性において型どられた世界観、価値観、宗教体系などの社会的規範の総合体を指し、それはその社会の言語と不可分に絡んでおり、また構成員の心理的、感情的、身体的、倫理的、精神的諸側面に影響を及ぼしている」と定義しておきたい（ゲーマン 2012）（UN Environment Programme HP.[What is Indigenous Knowledge]など参照）。

さて、先住民族教育が置かれている状況や目指すものについて、McGovern の論考（2000）に基づき、筆者が加筆した伝統知と教育に関する以下のモデル（ゲーマン 2012）がある：

　１）主流社会との接触以前の、先住民族の固有知識・言語に基づいた文化伝承に関してどの先住民族にもその自然・社会的環境に適した文化集団の維持のために行われた教育・文化伝承の形式が存在した。
　２）植民地化や国家成立の過程において、学校教育に代表されるような制度により、その伝統的な知・言語は否定され、あるいはしばしば衰退させられた。
　３）しかし、現在のグローバル主流社会に生きていくため、そして主流社会の人々に先住民族の存在やニーズを訴えるため、「現代知」も必要であり、今日の先住民族の多くは近代的学校教育も望んでいる。
　４）そこで、自分たちの固有の言語や知識体系を守りつつ、近代の学校教育との関係をいかに調整し、二つの知識体系の間に適合性をもたせられるかが課題である。

　ここで重要なポイントは、先住民族の負の遺産や現在直面している脅威としっかり向き合いながら、先住民族のエンパワーメントのための手段は主流社会の言語や現代知を排除するものではなく、むしろ、先住民族の言語や伝統知を維持発展しつつ、公用語や現代知を先住民族の地域社会を発展させるためのツールとして利用しようとしている点にある。このモデルで書かれているような課題に対し、地域による対応には顕著な違いがあるものの、ここ50年間、アラスカ、アメリカ本土、カナダ、ハワイ、アオテアロア（ニュージーランド）、オーストラリア、北欧三か国を中心に、先住民族教育のためのツールや方法論が開発されている。一言で要約すれば、その方法論とはコミュニティの自立的な開発というゴールに向けて、可能な限り「文化についてではなく、文化を通して」教育を行う、ということである。
　そのような先住民族教育方法論を、様々な形態の教育機関や教育の場におけるあらゆるアクターが行う活動の基準として示せるよう、アラスカの先住民族教育者たちによって主導的にまとめられた指針と留意点が、玉井先生の発表で取り上

げられている「カルチュラル・スタンダード」である。このスタンダードは筆者の理解ではアラスカが発祥の地ではあるが、現在少なくとも同様な指針がハワイやアオテアロアでも採用されており、後者の両地域では先住民族の言語で書かれる、という更なる段階に発展している。

3.「文化に根差した教育」の取り組み

　ここでは、その理念が実際にK〜12の教育活動で実践された時の実践的特徴をまとめたデマートら（2003）のモデルを紹介したい：

　１）先住民族の言語の承認および使用（バイリンガル教育、または第一言語、第二言語としての学習において）
　２）文化的な特質および大人と子どもの相互関係を教育の原点に据える教育（地域社会において現在なお実践されている慣習で、地域により異なることもあり得る）[1]
　３）教授戦略が伝統的な学習法・教授法および認知論と適合し、かつ現代の認知論、学習法と適合している教育（スキルを観察、実践、発表する機会を与える学習）[2]
　４）ネイティブの精神性（スピリチュアリティ）の重要性を尊重し伝統的文化に依拠し、かつ子どもの教育を現代的なコンテキストに置くカリキュラム（例えば、コミュニティの視覚芸術、伝説、オーラル・ヒストリー、根本的な信念の理解、使用）
　５）先住民の保護者、古老たち、地域住民が教育に活発に関わること、および学校・コミュニティのカリキュラム、活動、管理運営におけるコミュニティの明確な参画
　６）コミュニティの社会的、政治的慣習の尊重、使用

4.アラスカでの取り組み

　アラスカでは、先住民族の伝統知の特徴は特にアラスカ僻地教育総合改善事業

（Alaska Rural Systemic Initiative、略してAKRSI）の十年間を通し、現代科学にも裏付けられた形での膨大な量の教材開発のみならず、学校教育とも関連付けられる地域活動（カルチャーキャンプ）やネイティブ・サイエンス・フェアーも展開されている。また、アラスカ大学のキャンパス内の様々な形での先住民族出身の学生のための支援制度（学生支援センター、先住民族出身の学生の宿舎、古老が大学に住み込むElders-in-residenceプログラム、そしてへき地と先住民族に専念する副学長のポストVice-Chancellor for Rural and Native Affairs）に具現化されていることは注目に値する[3]。

5. 国際先住民族教育運動との接点

　一方で、これらの方法論的な成果の他に、先住民族教育を、特に集団としての自己決定の権利との関連で、先住民族の権利回復運動の文脈でとらえることも重要であると論じたい。

　まず、国際先住民族教育運動が先住民族教育の向上や普及を目的とし、国を超えた体系的な国際的な運動と称するに相応しい根拠として、「先住民族の教育に関するクーランガッタ宣言」（The Coolangatta Statement on Indigenous Rights in Education）（WIPC:E 1999）が「先住民族の教育のための世界大会」（World Indigenous Peoples' Conference on Education、WIPC:E [「ウィプシー」]）の1999年大会で採択されたことや、その延長線に2002年に結成された「世界先住民族ネーション高等教育協会」（World Indigenous Nations Higher Education Consortium：WINHEC）の存在があげられる。ウィプシーの大会は三年に一度、数千人の先住民族出身の教育者たち・教育研究者たちが集う大規模な国際大会であり、その13回目の開催は2022年に、オーストラリアのアデレードで予定されている。

　1977年〜2013年にアラスカ大学フェアバンクス校のCenter for Cross-Cultural Studiesセンター長をつとめたBarnhardt教授と、現在になってその多くがアラスカ大学で教鞭をとっている彼の学生たちは1987年からウィプシーの大会に参加し、Barnhardtが設立当初から、少なくとも二年前までWINHECの理事を務めていた。このことからは、アラスカ大学が、その動きの中心にあることが伺える。

これらの動向から、アラスカ・ネイティブの教育研究と実践が国際先住民族教育運動に影響を与え、またその逆の現象も生じたことは疑いの余地もない事実である。少なくとも、アラスカ大学を中心とした先住民族教育研究に少なからず、アラスカ州やアメリカ合衆国を超えた、世界先住民族のエンパワーメント運動の理念が共有されているといっても間違いないであろう。具体的な関係性は提示されていないが、国際先住民族教育運動が一般的な世界先住民族の権利回復運動の理念を共有していることは、WINHECのミッション・ステートメントが先住民族の権利に関する国際連合宣言（通称「国連宣言」、2007年採択）を援用していることに伺える。

　国連宣言は先住民族の集団および個人が有する様々な権利を謡っているが、先住民族教育との関連でいえば、現在までの植民地化の歴史を反省しつつ（序文）、先住民族の自己決定の権利を最優先事項（第3条）としている（国連宣言2007）。その構図を先取りするかのように、国主導の同化教育を批判し、先住民族社会の固有のニーズが尊重される教育が行えるよう、教育における自己決定の権利を訴えた1999年のクーランガッタ宣言（WIPC：E 1999）との類似性は偶然とはいえないだろう。

6. おわりに

　同シンポジウムで紹介されたアラスカの様々な先行的な取り組みの背景に、アラスカ州のそれぞれの民族が自らの地域や文化に対する愛着を持っていたことは重要である（ゲーマン 2021）。また、ここでアラスカの先住民族の比較的孤立した歴史やアメリカの先住民族法によって可能になった資源開発による社会的地位の上昇も成功の重要な要因でもあろう。さらに、アラスカの高等教育機関に在籍するアラスカの先住民族や彼らの支援者が絶え間ない努力によりあらゆる機会（例えばAKRSI）をつかみ取り、それを最大限に活かそうとする姿勢があったことも成功の鍵であったといえよう（ゲーマン 2021）。

　一方で、成功しなかった地域（例えば、民族言語が絶滅したエヤク語）の事例や、政府の援助への依存に対する警戒や、既存の制度に安心してはならないという意見が挙がっていることも見逃してはならないだろう。

特に、北海道への直輸入を複雑化している点も多くあることは忘れてはならない。冒頭で述べた国の制度という点では、アラスカ州はアメリカ合衆国の先住民族法の対象地域であり、そのため学校教育のみならず、健康衛生等では固有の制度があり、またトライバル・カレッジ法もあるため、アラスカ先住民のための特別な医療施設や高等教育機関の存在も民族的固有性を際立たせることに寄与している。また、1971年のアラスカ先住民族請求処理法（Alaska Native Claims Settlement Act、通称ANSCA）によって設立された「ネイティブ会社」により、州内の先住民族は社会政治的な地位上昇を経験したことがそれ以降の教育におけるプレゼンスを大きく発展させたのも事実である（ゲーマン 2021）。

　これに比べ、現在、集団的な権利およびそれに付随する社会経済的な影響力を有しないアイヌ民族は、まだそのスタートラインにすら立っていない、と言わざるを得ないだろう。その点で、その状況を変えるための努力なしには、アラスカのような事例を勧めるのは飛躍にしかならない、という見方もあるだろう。現在施行されている「アイヌ施策推進法」は2024年に見直される予定がある。せめて公教育にアイヌの先住民族の文化と言語を法的に位置づけることや、アイヌ若者育成促進事業のための動きはあっても良いのではと思う。そのために、アイヌ民族の権利に対してより肯定的な世論形成に向けた努力は急務であろう。

　また、アラスカ州の先住民族の文化的資源の多くが、現在も生きた生活文化として、へき地の村落に存続している点もアラスカ州の凄まじい教材開発や地域に根差した教育の成功の一つのカギ、との捉え方は妥当だろう。この点では、生活文化を断絶されてからほぼ150年も経っており、言語と文化が大きなダメージを受けた北海道では同じような取り組みは期待できない。しかし、デマートらが論じたように、先住民族文化に根差した教育の特徴が地域の生きた文化に埋め込まれていることを鑑みると、フォーマット化された教材のみの開発に専念することはあまりお勧めできない。しかし、これ以上取り返しがつかない事態に陥る前に、現在まだ健在のアイヌの年配者たちを中心に、優先すべき活動の一つと考える。いずれにしても、現在なお続くアイヌ民族に対する差別のために生じる、特に年配者がもつアイヌの自己卑下に対する心のケアも、残念なことに同時に取り組まなければならない急務であろう。

【注】
1）例えば、ハワイやアオテアロアでの家族教育、アラスカの地域に根差した教育
2）つまり、体験的な学習
3）Alaska Native Knowledge Network（ANKN）のHP参照。

【参考文献】
1）Alaska Native Knowledge Network. ANKN (Alaska Native Knowledge Network) https://www.uaf.edu/ankn/ Accessed 10 August, 2020.
2）Center for Cross-Cultural Studies (CCXS) Homepage http://ankn.uaf.edu/CCS/index.html Accessed 10 August, 2020.
3）Demmert, W. and J. Towner, 2003. *A Review of the Research Literature on the Influences of Culturally-Based Education on the Academic Performance of Native American Students.* Portland, OR: Northwest Regional Educational Laboratory.
4）ゲーマン、ジェフ（2021）「アラスカの多文化理解教育の施策と学校・地域における共生社会実現のための教育」学会創立30周年記念編集委員会編、佐藤千津編著『コミュニティの創造と国際教育＜日本国際教育学会創立30周年記念論集＞』明石書店　86〜98頁
5）Gayman, Jeffry Joseph（2012）『土着の知に基づいたアイヌ文化継承に関する研究—「カルチュラル・セーフティー」論を中心に—』博士学位論文、九州大学人間環境学府教育システム専攻（未公刊）。
6）ゲーマン　ジェフ（2009）「教育のための世界先住民族会議（World Indigenous Peoples Conference on Education: WIPCE）に関する基本的情報」https://www.cais.hokudai.ac.jp/wp-content/uploads/2012/03/20090529-jeff.pdf#:~:text=%E5%85%88%E4%BD%8F%E6%B0%91%E6%97%8F%E3%81%AE%E6%95%99%E8%82%B2%E6%A8%A9,%E3%82%92%E4%BB%A3%E8%A1%A8%E3%81%97%E3%81%A6%E3%81%84%E3%82%8B%E3%80%82　Accessed 3 October 2021.
7）McGovern, Seana, 2000. Reclaiming Education: Knowledge Practices and Indigenous Communities. *Comparative Education Review.* 44:4, 523-529.
8）国連宣言 (United Nations) 2007年. United Nations Declaration on the Rights of Indigenous Peoples (A/RES/61/295) Available online at: https://www.un.org/development/desa/indigenouspeoples/wp-content/uploads/sites/19/2018/11/UNDRIP_E_web.pdf Accessed 3 October 2021.
9）United Nations Environment Programme. What is Indigenous Knowledge? Accessed 19 November, 2011, from http://www.unep.org/ik/.
10）WINHEC Homepage Available online https://winhec.wildapricot.org/ Accessed 4 September, 2020.
WIPC:E (World Indigenous Peoples Conference on Education), 1999. *The Coolangatta Statement on Indigenous Rights in Education.* Coolangatta, New South Wales, Australia.

公開シンポジウム
「共生社会における先住民族政策とは—アラスカと北海道の結節点」
先住民族教育関係者の合意形成と共生社会化
—アラスカの先進性に学ぶ

玉井　康之
（北海道教育大学釧路校）

〈キーワード：スタンダード/合意形成/共生社会/ガイドライン/ビレッジサイ
エンス/Rural Education/アラスカスタディ/アラスカ大学/へき地校〉

1. アラスカの先住民族政策の分析課題と方法

　本研究では、先住民族との共生社会をつくるために様々な先進的な施策を講じ
ているアラスカ州を対象に、アラスカの歴史的な条件を踏まえながら、共生社会
に向けた教育施策の具体的な特徴を明らかにすることである。とりわけアラスカ
では、先住民族教育関係者の合意形成過程とその合意内容の推進が重要な条件と
なっている。この合意内容はアラスカスタンダードとして定式化され、それを元
に各種の実施ガイドラインが作られた。

　またアラスカ先住民族文化教育活動に位置づける際の特長は、郷愁の伝統保存
ではなく、先住民族文化の科学的根拠を明らかにすることが重視されている。そ
のためアラスカ州では、アラスカ大学が中心となり、先住民族の単なる因習と思
われた内容でも科学的根拠があることを明らかにし、それを普遍的な地域教材と
して作成している。すなわち "Village Science" などの、地域文化から普遍的真
理に繋げる教材を多く作成している。これにより先住民族文化を畏敬の念を持っ
てとらえることができる。

　このアラスカの共生社会に向けた施策は、国際的に見ても先住民族政策の先進
事例として位置づけられ、また今後の日本の民族共生を考える参考になる。日本
の中でもとりわけ北海道は、先住民族であるアイヌ民族が居住している。北海道

も極寒の開拓社会で基本的にはアラスカと極めて似た歴史を持ち、共通点を抽出し共生社会を目指す施策の参考にすることができる。

   1.　アラスカ州の歴史的・環境的特徴と先住民族との共生社会化政策の推進

  アラスカ州では南部48州に比して、先住民族を相対的に尊重する風土が歴史的に形成されてきた。アラスカ州では極寒の中で南部からの開拓者が先住民族の耐寒生活の知恵を学びながら、先住民族を尊敬してきた経過がある。またアメリカ連邦政府も国防の観点からアラスカ先住民族に対しては手厚い生活支援や行政参加を促してきた歴史がある。さらにアラスカ州では極寒ゆえに開拓農業も厳しく、開拓者も冬には南部48州に戻らざるを得なかった。そのため、開拓者の定住人口は増えず、結果的に先住民族比率は高いまま維持されてきた。これら自然と歴史的経過がアラスカの先住民族を尊重し共生政策を推進する背景となった。

2. 先住民族教育団体の「アラスカスタンダード」の合意形成と大学の役割

  1998年に制定された「多文化共感型の学校を創るアラスカスタンダード」（Alaska Standards for Culturally-Responsive Schools）は、行政関係団体・学校関係団体・先住民族関係団体・保護者団体・大学等の20の先住民族教育関係団体が集まり、2年間をかけて合意形成したものである。この「アラスカスタンダード」は、先住民族との共生社会を作る指針としては、先駆的な実践であり、全米及び国際的に見ても先進的な内容を有している。

  「アラスカスタンダード」制定の幹事役は、アラスカ大学が担ったが、原案は団体間で協議しては持ち帰り、それを団体内でまた協議して結果を持ち寄った。これを年に数回繰り返す中でまとめていくというプロセスを2年間経て、最終的に「アラスカ先住民族教育者集会」で決議された。

  この「アラスカスタンダード」は、集約までに2年間かかったが、一般的にみられるように、行政や大学の一部の専門家が提案した原案を代表者だけで決定したものではなかった。毎回各構成団体の役員会・総会などを経て議論した内容を持ち寄っている。このように特定団体や一部の役員だけが推進したものではなく、

全団体・全構成員が合意するまでに何度も協議し、全団体・全構成員が同じ方向を目指すことができるように、妥協と調整を図ったことが「アラスカスタンダード」が実行性を持つ上で重要であった。長期にわたって検討したため、一度合意形成を諮った内容に関しては、確固たる基本原則であるために、簡単に破棄されることなく、継続的にその理念と方針を団体間・団体内で繰り返し確認している。すでに制定から24年以上が経過するが、今も「アラスカスタンダード」は変更されることなく、基本理念として確認され続けている。

3.「アラスカスタンダード」「ガイドライン」の内容と行動指針の特徴

　「アラスカスタンダード」の対象は、白人・先住民族の立場を超えて、あらゆるステークホルダーを対象にした内容を構成していることが特徴である。この「アラスカスタンダード」の内容は、①「生徒向けスタンダード」②「教育者向けスタンダード」③「カリキュラム内容のあり方」④「学校のあり方」⑤「地域のあり方」の5つの構成に分けて書かれている。

　①「生徒向けスタンダード」は、先住民族の生徒に対しても、共生のためにしなければならない社会的規律や将来の人生訓なども明記している。②「教育者向けスタンダード」は、教育行政が学校・先住民族団体等に対して支援するべき役割を明記している。③「カリキュラム内容のあり方」は、先住民族の伝統文化と智恵を尊重するための学校カリキュラムのあり方を明記している。先住民族の伝統文化や智恵は、単なる因習や経験ではなく、科学的な因果関係が示せるものであり、先住民族文化と科学の統合を進めることが重要であることを明記している。④「学校のあり方」は、学校行事や生徒指導においても、先住民族の文化や経験をカリキュラムに取り入れたり、また教師がそれらの文化を学ぶことの重要性も明記している。⑤「地域のあり方」は、地域文化と地域帰属意識を尊重しつつ、地域が教師や学校の教育活動を支援することの重要性も明記している。

　この「アラスカスタンダード」を元にして、1999年に「アラスカ教師用ガイドライン」が制定され、2002年に「教育委員会ガイドライン」が制定された。これらも「アラスカ先住民族教育者集会」で採択されている。このようなガイドラインは、基本的な「アラスカスタンダード」を基にしながら、行動指針をより

具体化していくもので、関係者が教育活動のあり方を省察しやすくしている。これらにより、基本理念と共に、具体的な実行方針を意識することができ、「スタンダード」が実行性あるものになっていることが重要である。

4. 先住民族文化の知恵と科学的に位置づけられた学校教材の開発

アラスカの先住民族の学校教育教材のあり方として重要なことは、先住民族の伝統文化や智恵が、西洋科学からみても、科学的に立証できたり、文化的価値観として意義ある内容であることを捉え直したことである。すなわち過去の因習や郷愁の内容としてではなく、現代的にみても科学的に価値がある内容として先住民族の文化・智恵を教材としてとらえ直したことが、先住民族を尊敬する基盤となっている。

これらの教材開発理念を基にして、「Village Science」「Village Mathematics」「Native Science」やMulti-Curriculumなどの総合的な学習教材を開発していった。先住民族の芸能・文化活動や慣習などの目に見える表層的な「Folk Culture」を、深い科学的知見を踏まえた「Deep Culture」にカリキュラム上位置づけていくということである。この様に地域の先住民族文化を取りあげた教材は、地域の誇りを高めていくが、単に地域の中だけで通用する内容としてではなく、その文化を通じてアメリカ全体の普遍的な内容と繋げて普遍性を理解する内容となっている。この様な普遍性を持つことができれば、教師も地域の先住民族文化を学校教材として取りあげやすくなる。

5. 共生社会化を推進できるアラスカ大学の先住民族研究と教師教育の特徴

このような共生社会を目指すための教師の資質と役割は大きく、それを担う教師を大学において意識的に養成していく必要がある。アラスカ大学では、「Major of Rural Education」の専攻を有し、先住民族を理解するへき地教育実習や先住民族文化を学ぶ大学カリキュラムを設定している。

アラスカ大学の教育実習は14週間であるが、毎年40人が、先住民族の多いへき地校を実習校に選んで、共生社会を目指す実践的な学校教育活動を学んでいる。

アラスカ大学内でも、このような先住民族教育・へき地教育を専門とする大学教員が、先住民族の教材開発指導やへき地校巡回による現地指導を行っている。

　この様な学生の先住民族教育と実習経験が、教師になったときの先住民族との共生社会を目指す教育実践を推進するための重要な基盤となっていると言える。アラスカ大学では、現職教員研修においても、先住民族を理解する研修講座を多数開設しており、現職教員の先住民族教育の実践を支援している。

6. アラスカ州の教員採用の必要条件と求められる資質・能力

　アラスカ州政府は、アラスカの先住民族を理解した教員を受け入れるために、先住民族が大学教職課程を受講し教員になる支援を行っている。これにより、より先住民族の生活が分かる教師が先住民族の中に溶け込みながら、西洋文化と共有した教育内容を展開することができる。

　またアラスカ州の教員採用試験では、アラスカスタディ科目３単位とアラスカ先住民族多文化理解教育科目３単位の計６単位を取得しなければ、アラスカ州の教員にはなれないように制限している。南部48州で教員免許を取得しても、加えてアラスカ大学等でアラスカスタディを学ぶことがアラスカ州の教員の最低限の条件となる。

　これら大学教育と教員採用施策が総合的に推進され、アラスカでは共生社会に向けた学校教育が発展している。

7. 合意形成と共生社会化

　以上の様に本研究では、早くから先住民族との共生社会の施策を取り入れているアラスカ州の先住民族教育関係者の合意形成の在り方に焦点を当てて、その推進条件と教訓を抽出した。アラスカ州では、様々な教育活動を通じて先住民族を理解し共生社会を作る実践的な施策が取り入れられているが、とりわけ民族との共生社会の実現において重要な課題の一つは、先住民族教育の方針に関する先住民族教育関係団体・関係者の深い合意形成とその継続である。

　先住民族との共生社会の意識が市民社会に定着するためには、意識しなくても

身近な存在となるよう、繰り返し共生社会の基本理念と行動指針の方向性を確認し、具体的行動の中に取り入れていく教育活動と啓発が不可欠である。この基本理念と行動指針を啓発する上で、特に教育行政関係者・学校関係者の役割は大きい。教育行政関係者・学校関係者が共生社会に向けた教育活動を施せば、長期的には子供や社会全体の意識は徐々に変化していく。また教員が共生社会に向けた教育活動を担うためには、大学における教員養成のあり方も重要な条件となる。この様な教育界全体を含めた包括的な取組は、今後の日本の民族共生社会を作る上で重要な示唆を与えていると言える。

課題研究Ⅰ
「民族共生とアイデンティティ形成」
〈司会者総括〉

森下　一成
（東京未来大学）

1. はじめに

　2021年、1年延期されて開催された東京オリンピック・パラリンピックはCOVID-19によるパンデミックが収束しない状況下で開催された。海外からの訪問客は、各国選手団、競技関係者、メディアなどに限定され、国際大会としては異例を極める運営となった。また、国内外で波状的にCOVID-19の感染者が増加するとともに、さまざまな国でこの感染症に起因したヘイト・クライムが頻発しているとの報道を数多く目にするようになった。あらためて、この未知の感染症によって安寧な日常を失われた方々に衷心よりお見舞いを申し上げたい。

　このような状況下で本学会は創立30年を迎え、節目となる第32回研究大会において、「民族共生とアイデンティティ形成」を課題研究として報告と討議が行われたことの意義は少なくなかったと思われる。およそ2年余という長期にわたる尽力で研究大会を実現させ、このセッションを準備していただいた実行委員の皆様に、報告者一同、厚く御礼申し上げる。本稿は、大会初日となる10月9日にオンラインで開催されたセッション「課題研究Ⅰ　民族共生とアイデンティティ形成」について、司会者の立場から総括するものである。

　報告者とそのタイトルは下記の通りである。

　＜第1報告＞
　　栗田梨津子（神奈川大学）
　　「アボリジナルのアイデンティティ形成の問題」

<第2報告>
　　新関ヴァッド郁代（産業能率大学）
　「インド少数民族・モンパ族の教育と民族アイデンティティにおける課題」
<第3報告>
　　森下一成（東京未来大学）
　「琉球・沖縄のアイデンティティ　祈りをめぐる諸相」
　報告者3名による各20〜30分の報告に加え、20余名の会員の参加のもとに質疑応答と報告内容に関連する討議が行われた。

2. 本課題研究の背景として

　近代以降に見られる国民国家（Nation State）への志向は、教育基本法において「教育は、（略）国民の育成を期して行われなければならない（1条）」と明文化されるように、国家の主要な任務の1つに公教育における「国民」の育成を数えるようになった。国民としてのアイデンティティ形成を公教育に求める一方で、多民族国家カナダは少数民族の民族としての教育の権利を憲法レベルで保障し、あるいはオーストラリアをはじめとするいくつかの国のように、多文化主義政策を公教育に反映させる例も少なからず見受けられる。特に20世紀以降の交通・運輸の飛躍的な進歩は、多くの人びとに国境を越えて行動する機会を与え、現在、多民族国家を自認していない国家においても社会の多文化化が急速に進んでいる。

　こうした社会的背景もあって、国民国家における国民の育成という公教育の目的は、制度設計当初は想定し得なかった他国人あるいは他民族の存在とそのアイデンティティ形成への希求の間にあって、調整を余儀なくされている。

　国民としてのアイデンティティの形成、それ以外を公教育に容れぬ時代は過ぎ去り、民族としてのアイデンティティの形成をも公教育に容れる是非を問うようなパラダイム・シフトの起こりが垣間見える。それは、単に制度設計だけでなく、多文化共生の理念をコミュニティへ容れるシティズンシップの醸成を公教育の内容とすることも当然含まれる。

　本課題研究では以上のような社会的背景を踏まえて報告がなされた。

第1報告：栗田梨津子会員（神奈川大学）からはオーストラリアにおけるアボリジナルのアイデンティティ形成の問題を、ガーナ（Kaurna）文化復興運動の一環として実施されている文化学習を事例とし、先住民の文化やアイデンティティを公立の教育機関で教授することの意義と限界を示す報告がなされた。

　第2報告：新関ヴァッド会員（産業能率大学）からはインド少数民族・モンパ族における少数民族が抱える教育問題について、特に、インド高等教育におけるマイノリティ優遇措置（Reservation System）に関し、少数民族の抱える独自的な課題が明らかにされ、今後の課題が明瞭となる報告がなされた。

　第3報告：森下一成会員（東京未来大学）からは、日本における沖縄の人びとのアイデンティティが、公教育以外の作用、特に集落における祈りの空間において形成される可能性について報告がなされた。質疑応答ではマイノリティによる民族としてのアイデンティティ形成に関する現状と課題について、国際教育学の方法を考える上で意義深い討議がなされた。

3. 文化資本という視点から見たマイノリティの文化と課題

　質疑応答の過程でP.ブルデューのいう「文化資本」をモティーフとする議論が深められたと思われるので、総括としてこれについて取り上げ、特に栗田会員と新関会員による発表を読み解く1つの視座として示したい。

　ブルデューは、公教育において教えられる内容とは、社会において再生産するに値するとみなされた支配階級の文化や知識であり、このような文化を身につけることがその社会における諸々の選抜制度を勝ち抜く上で財産となることから、これを「文化資本」［capital culturel］と呼んだ。文化資本を多く持つ階層の子どもは選抜制度において有利であり、生育環境においてこのような文化に親しむ子どもは自然とそのような文化を受け入れ（ハビトゥス形成）、選抜制度において勝者となり、後に社会の支配的な地位に就くことをブルデューは説いた。

　本課題研究において、文化資本をマジョリティのそれと措定した上で、マイノリティの出自に沿うアイデンティティ形成に資する文化を学ぶことの意義とキャリア形成上の懸念について言及がなされた。すなわち、マイノリティの独自文化を学んでも「立身出世」の役には立たず、かえって階層間移動ができないなど、

キャリア形成を阻害しないかという問題である。

　この点について、筆者の報告に関連して例を挙げるならば、沖縄県内の公教育における「琉球・沖縄史」学習と入試との関係が一例となろう。県内では「琉球・沖縄史」学習の必修化を求める声が根強くあり、県内私立大学が2021年に「琉球・沖縄史」を入試科目としたものの、県外の大学では当然ながらそのような動きはないため、その学習は極めて限定的な文化資本としかなり得ない現状である。

　同様の問題は、栗田会員と新関会員の報告中にも言及がある。

　栗田会員は、オーストラリアにおけるアボリジナルの状況について緻密な調査を進め、ガーナ校に通うアボリジナルの「学力」の相対的な低さを問題として取り上げているが、この問題は文化資本の概念からもアプローチできるものである。栗田会員の報告では、これ以外の諸問題についても深く掘り下げ、西洋近代の学校教育において先住民文化を教えることの限界について触れるとともに、新たな着眼点をも示している。

　新関会員は、インドにおけるモンパ族の状況について施策を含めた複層的な調査を進め、高等教育におけるマイノリティ優遇措置（Reservation System）を背景とする諸状況を概観した上で、モンパ族の学力の低下の問題やそのコミュニティの上昇的移動の障壁について取り上げている。このような課題について、新関会員は、「文化資本」の観点だけでなく、制度設計上の課題についても言及し、広い視野からの調査結果をもとに新しい視座を示している。

　教育における文化的再生産を通じ、文化資本を多く持つマジョリティとそれを持たないマイノリティが継続して生み出される可能性は少なくない。ブルデューは、文化的再生産を通じて社会的再生産（階級関係の再生産）が行われることを指摘しているが、アイデンティティ形成のための特定の民族教育などを受けることがその再生産を強化しているとしたら、マイノリティを保護するための施策がマジョリティの優越的地位を「保護」しかねないパラドックスを生じさせてはいないか。

　このような問題意識が共有されるに至ったのは、会場に集っていただいた会員諸氏の真摯な傾聴と質疑によるものである。報告者を代表して厚く御礼申し上げるとともに、この質疑応答で得られた成果を後掲の報告者による論稿を読み解く１つの視座としていただければ幸甚の極みである。

課題研究 I
「民族共生とアイデンティティ形成」

アボリジナルのアイデンティティ形成をめぐる問題

栗田 梨津子
（神奈川大学）

〈キーワード：アボリジナル／ガーナ（Kaurna）／アイデンティティ／文化復興〉

1. はじめに

　オーストラリアでは1970年代に先住民の自主決定政策および多文化主義政策が打ち出されて以来、先住民の言語や文化が学校で教授されるようになった。特に、当時先住民の多くが独自の伝統や文化を維持しながら英語や西洋の文化的価値観の習得を可能にする教育を望んでいたことを踏まえ、遠隔地の学校を中心に先住民諸語と英語によるバイリンガル教育や双方向の教育（Two-way schooling）が実施された[1]。一方で、都市部においては、伝統文化の継承を阻まれた先住民の子供たちがアボリジナルとしてのアイデンティティを強化するための教育の必要性が唱えられた。本報告では、発表者が2008年以降、南オーストラリア州、アデレードで実施してきた先住民のアイデンティティに関する人類学的研究の成果をもとに、特に、ガーナ（Kaurna）文化復興運動の一環として行われている文化学習を事例とし、先住民の文化やアイデンティティを公立の教育機関で教授することの意義と限界について考察する。

2. 都市先住民とアイデンティティをめぐる問題

　今日、都市先住民の多くが直面するアイデンティティの問題の背景にはオーストラリア社会における先住民の文化に対するステレオタイプや偏見の問題があ

る。1980年代後半にオーストラリアがナショナル・アイデンティティを模索する中で、太古からオーストラリア大陸に歴史を刻んできた先住民の文化を、全ての国民によって祝されるべき国民的遺産として位置付けた。しかし、地域集団ごとに多様な先住民の文化の全てが賞賛されたわけではない。政府は、ドリーミングストーリー（創世神話）をはじめとする、白人入植以前の「伝統的」な先住民文化が比較的強く維持されている遠隔地の先住民の文化を「真正」な文化としたのである。

　現在、先住民人口の過半数が都市部に居住しているにもかかわらず、そのような偏った文化観は主流社会にも広まり、「伝統的」な文化を失った先住民は、「本物の」先住民ではないとみなされるようになった。一方、都市の先住民社会内部では、先住民としての自己規定にあたって、文化の保持よりも、親族関係や先住民コミュニティの人々との社会関係の維持の方が重視されてきた[2]。そのため、仮に関係性に基づく先住民としての帰属意識を有していても、主流社会から「伝統」文化を有さないことを理由に先住民としての真正性を否定された場合、アイデンティティに揺らぎが生じることもあった[3]。こうした不安を背景に、都市先住民の間では1970年代頃から先住民としてのルーツの探索、過去や伝統の再構築をはじめとする文化復興運動が見られるようになったのである。

3. ガーナ学校におけるガーナ文化学習

　ガーナ学校は、アデレードの北部郊外に位置し、就学前教育から高校までを含む州立の学校である。この学校は、ガーナ文化復興の動きが盛んになり始めた1986年に、地元の先住民コミュニティによる政府への働きかけによって設立された。調査当時の校長は、クィーンズランド州出身の先住民男性であり、南オーストラリア州では唯一のアボリジナルの校長であった。この学校には正規の教員に加え、地元コミュニティ出身のAEW（Aboriginal Education Worker）が3人、先住民のSSO（School Services Officer）が3人、週1回学校にやって来る先住民のガーナ語教師が1人と、主流社会の学校と比べて先住民の職員の数が圧倒的に多い。調査時点で、就学前教育から高校までの全校生徒数は約140名であった。

　ガーナ学校の教育理念は、文化学習を通してアボリジナリティを習得させるこ

とである。そのため、この学校では、州教育省が指定したカリキュラムに加えて、ガーナ語の授業が週に2時間、アボリジナル・ダンス、芸術、音楽等を含む文化学習の授業が適宜行われる。ガーナ語は、主に初等学校の生徒を対象に、学年別に行われる。週2時間の授業のうち、1時間は、ナーランガ出身の男性教師が担当し、通常の教室で板書形式の授業が行われる。もう1時間は、音楽室で白人の音楽教師およびンガリンジェリ出身の教師によって行われ、ギター演奏にあわせて言語が学習される。低学年のクラスでは、ガーナ語での数の数え方、身体の部分の呼び方などが歌やゲームなどを通して教えられ、高学年のクラスでは、ガーナ語による自己紹介や挨拶などの基本的な表現や親族名称が教えられた。

　文化学習では特に、ドリーミング・トレイルにおける神聖な場所やガーナ由来の植物についての知識が教授される。たとえば、生徒達は、現在のアデレード中心部から南に約100km離れたケープジャービスまでの地域の創世神話であるチュブルキ・ドリーミング・ストーリーを朗読し、その内容を確認した後、ドリーミング・トレイルである野外の湿地帯へ行き、そこに植えられた植物のガーナ語名や、その使用方法などを学習した。さらに、先住民の教師が、オーストラリア北部のアボリジナルの伝統的な民族楽器であるディジェリドゥで動物の鳴き声を模倣し、ディジェリドゥの仕組みや吹き方を教える。それから参加者は儀礼用の円形の広場に行き、教師に倣い、みんなで円になって、エミューやカンガルー等の動物の動作や鳴き声の真似をしながらディジュディドゥに合わせて踊った。教師の間では、文化の学習を通して獲得される文化的知識およびアイデンティティは、子供たちに自信を与え、それは主流社会に出て人種差別や偏見等の問題に直面してもそれにうまく対処するための原動力につながると認識されていた。

4．ガーナ文化学習の意義と課題

　子供をガーナ学校に通わせる親の多くは、やはり子供に先住民の文化や価値観と西洋社会で必要とされる知識の双方を身に付けてほしいと願っている。しかし一方で、文化学習の具体的な内容や方法への保護者の対応に目を向けると、公立の教育機関で先住民の文化やアイデンティティを教授することには様々な問題が伴う。本研究の事例からは、主に4点の問題が明らかになった。

第一に、ガーナ語の自発的な使用度の低さが挙げられる。現在、アデレードに暮らす先住民の大半は、日常生活において地域集団の言語と英語の混成語である「アボリジナル英語」を話している。アボリジナル英語は彼・彼女らにとってのアイデンティティの一部であるのに対し、ガーナ語は外国語に等しく、人々のアイデンティティの基盤にはなりえていない。第二に、文化学習で教授される文化と家庭内で断片的に継承された文化との隔たりの問題がある。ガーナ学校の生徒の文化的背景では多様であるにもかかわらず、ガーナ語やガーナ文化のみを選び出して教授することは、家庭内で継承された文化との間にズレをもたらすことがある。特に、地域集団ごとに継承されるドリーミングストーリーといった秘儀的な知識を学校教育の場で公に教授することに対する懸念が挙げられる。第三に、主流社会における学校教育カリキュラムとの折り合いの問題がある。ガーナ学校の場合、言語や文化の学習に多くの時間が費やされるため、大半の生徒の「学力」は相対的に低いといえる。その結果、大半の学生が中途退学をすることになる。第四に、政府の教育政策や校長の交代を契機とした予算の削減や教育方針の変更といった問題がある。ガーナ学校では現在、アボリジナルの言語や文化よりも英語での読み書き能力や計算能力の向上を重視する教育が行われている。その背景には、1990年代以降の政府によるリテラシー教育の推進による英語以外の言語や文化の教育に対する資金の削減が影響していることが考えられる[4]。

5. 結論

　ガーナ文化学習では、地域集団間の多様性よりもアボリジナルとしての類似性・共通性の方が重視されていたが、こうして本質化された文化やアイデンティティを敢えて子供に身につけさせることには、多文化社会における当座の精神的拠り所を獲得し、偏見や差別に打ち勝つための力を与えるという意義があると考えられていた。しかし一方で、集団的アイデンティティの拠り所としての「伝統的な」文化が、先住民内部の多様性を抑圧するという問題が確認された。それは文化学習で教授される「先住民文化」と日常的実践における文化とのズレという形で表れており、ここに西洋近代の学校教育において先住民文化を教えることの限界がみられる。今後は、新自由主義的な先住民政策の下で先住民の「主流化」が進む

なかで、先住民自身が公教育以外の場でいかに独自の文化やアイデンティティを継承していくのかにも着目する必要があるだろう。

【引用・参考文献】
1 ）Thies, Kaye（1987）Aboriginal viewpoints on education: A survey in the east Kimberley region. National Centre for Research on Rural Education, University of Western Australia.
2 ）山内由理子（2014）「「先住民性」再考試論」（特集「先住民性」再考試論―ローカルな展開と「関係性」理解）『文化人類学』pp. 95-103.
3 ）栗田梨津子（2018）『多文化国家オーストラリアの都市先住民―アイデンティティの支配に対する交渉と抵抗』明石書店.
4 ）青木麻衣子、伊井義人（2003）「多文化主義国家オーストラリアにおけるリテラシー教育―先住民・移民を視点として」『教育学研究』70 (4) pp.547-558.

課題研究Ⅰ
「民族共生とアイデンティティ形成」

インド少数民族・モンパ族の教育と民族アイデンティティにおける課題— Reservation System を視座にして—

新関 ヴァッド 郁代
（産業能率大学）

〈キーワード：インド／少数民族／モンパ／ Reservation System〉

1. はじめに

　本研究の目的は、インド北東部アルナーチャル・プラデーシュ州タワン県にコミュニティを形成する少数民族タワン・モンパ（Tawang Monpa. 以下「モンパ」）の事例から、インド高等教育におけるマイノリティ優遇措置（Reservation System. 以下「RS」）に関し、少数民族が抱える独自の課題を明らかにすることである。

　インドは大小1000以上の民族集団を内包する多民族・多文化国家である。特に、歴史的に社会的・政治経済的な脆弱性が顕著で民族的独自性の強い少数民族および先住民族を含む民族的マイノリティは、インド憲法第342条により「指定トライブ（Scheduled Tribes）」に定められる。全国総人口の約8.6％に相当し、メインストリームからの隔絶性が高い彼／女らに対しては、社会進出機会の保障等の観点から、特別な配慮の必要性が認識されている（Sujatha, 2005）。

2. マイノリティ優遇措置としての Reservation System

　RSの本来の意義は、積極的な差別是正のもとで追求される平等にあり、「指定トライブ」を含む社会的に脆弱な立場にある集団・階層の社会参画機会を保障する優遇措置の1つとして、RSは人々に直接的に作用する。RSの特徴は、高

等教育や立法行政機関、雇用機会
において一定数の人員枠を留保し
（Reserve）、彼/女らの社会進出機会
の拡大と社会の意思決定への参画な
いしコミュニティ・個人のエンパワ
ーメントを図ることにある（憲法第
16条第4項）。例えば、国公立高等教
育におけるRSでは、クォータ制によ
る優遇措置対象学生分の人員枠確保
の他、入学における最低年齢の緩和
や学費免除または減額の措置、入学
基準点の引き下げといった措置が取
られている（Deshpande, 2013 : 59-

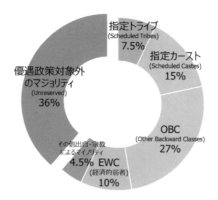

図　RS適用クラスと高等教育機関における
　　クォータ比率
出典：S. Yesu Suresh Raj & P. Gokulraja.
2015. An Analysis of Reservation System
in India. *International Journal of Research.*
2 (10): 1038-1045 より筆者作成

60)。少数民族を含むマイノリティの人々およびそのコミュニティの社会的上昇移
動が意図されているRSは、しばしば、インド版アファーマティブ・アクション
として位置づけられる（Deshpande, 2013）。

3. Reservation Systemに関する学術的空白

　RSをめぐる昨今の諸研究および議論は「指定カース」や「その他後進クラス
（OBC:Other Backward Classes)」、優遇措置の非適用層であるマジョリティとい
ったメインストリーム社会に内在する3者間での政治的対立や、制度施行に関す
る是非を中心に展開している。
　そのため、インド国内外で無数に存在する同制度に関する研究の多くが法的解
釈に留まるもの（Laskar, 2010）や、優遇措置適用層を地域、民族的・社会文化
的属性等で区別することなく俯瞰的に捉える研究（Sekhri, 2011：小原, 2008）が
目立つ。つまり、個人やコミュニティ等の視点が著しく欠如し、優遇措置適用者
それぞれの特性が不可視化される傾向にあるのだ。更に、少数民族等の民族的マ
イノリティに焦点化した質的研究は管見の限り皆無に等しく、彼/女らの見解に
対する学術的な空白が著しい。よって本稿では、少数民族の視点からRSを再考し、

RSに関する新たな論点の余地を検討することを試みる。

4. RSにおける少数民族独自の課題—モンパを対象とした調査から—

　本研究では、インド少数民族の事例調査として、アルナーチャル・プラデーシュ州タワン県に居住するモンパに焦点を当てる。モンパがコミュニティを形成するタワン県は1964年の印中戦争下におけるインドと中国間の係争地域にあたり、現在インド軍の実効支配下に置かれている。タワン県はヒマラヤ山脈特有の険しい山岳地帯に位置し、域外との物理的分断構造が著しい辺境地域である。更にモンパは、無文字言語のモンパ語を継承し、土着の精霊信仰に基づく民族固有の文化とチベット仏教文化を融合させた独特の民族文化を保持する。1986年にはタワン県内全域で基礎教育段階の公立学校の設置が完了したが、学校教育制度整備の歴史は浅く、国家が推奨する教育の質保証についても未だ多くの課題が残る。そのため、富裕層を中心に子どもを州外の寄宿学校へ就学させるケースも多く、特に高等教育進学においては県外・州外へ移住を伴うケースが一般的である。

　本稿では、2018年8月〜2019年8月に掛けて実施した計97日間にわたる現地調査と、2019年9月〜2020年8月に掛けて実施したオンライン・コミュニケーションツールを活用した経過観察において、少数民族モンパを対象にした半構造化インタビューの結果に基づき、論考を進める。

　調査の結果、まず、RSによる社会進出実現への期待を背景にモンパ・コミュニティの外で教育機会を獲得した若者世代を中心に「民族アイデンティの喪失」や「民族言語モンパ語の習得困難」が生じ、彼／女らのローカル・コミュニティへの帰属意識が希薄化するという傾向が明らかになった。

　また、高等教育機関の入学基準点の引き下げというRSの措置を背景に、「子どもの就学意欲・競争心の低下」や「親の教育投資意識の低下」という問題が示唆された。ここから、RSが逆説的に教育／学習のスキル向上に対する少数民族の消極的姿勢を助長する一要因となり、結果的にコミュニティ全体の教育／学習の水準整備・発展を阻害するという懸念が見出された。更に、RSを利用し大学へ入学した後、学力的な困難や修学への劣等感を抱えるケースも明らかになった。

　加えて、RSによって教育機会を獲得しメインストリーム社会への進出・移住

を図ったモンパの中には、非優遇措置対象層による差別的・侮蔑的な態度を経験し、その結果「社会進出に対する失望感やジレンマ」を抱えるケースが明らかになった。また、メインストリーム社会での民族的差別を経験した若者の中には「他民族への排他性」と「自民族コミュニティへの依存性」を強める傾向がみられた。これは、差別の是正を本意とするRSが「偏見と民族的差別の助長」の一要因となっていることを意味し、制度の内実的課題と捉えることができる。

5. 考察

　教育機会へのアクセスが限られた少数民族コミュニティにおいて、RSが個人の社会進出の手段として一部肯定的に捉えられる一方で、少数民族の教育的競争力の低下や、彼/女らの民族アイデンティティの希薄化、更には少数民族とメインストリームの両者による非共生的な態度が助長されるという課題が明らかになった。

　RSを背景とした少数民族の教育環境および社会進出におけるこれらの課題は、彼/女ら個人そしてコミュニティの民族アイデンティティ形成やコミュニティの上昇的移動に障壁をもたらす深刻な課題である。インド社会における慢性的な差別の是正というRSの本来的意義を達成するためには、RSの施行の是非に関する議論のみに留まらず、少数民族集団各々の独自性やニーズに十分留意し、彼/女らの意思・選択権を尊重する柔軟な措置の可能性を模索する必要があると言えよう。

【引用・参考文献】
1 ）Deshpande, A. 2013. *Affirmative Action in India*. Oxford University Press.
2 ）Laskar, H. M. 2010. Rethinking Reservation in Higher Education in India. *ILI Law Review*, Vol.1 (1), 25.
3 ）Sekhri, S. 2011. *Affirmative Action and Peer Effects: Evidence from Caste Based Reservation in General Education Colleges in India*. Working Paper of Virginia University.
4 ）Sujatha, K. 2002. *Education among Scheduled Tribes*. In Govinda, R. (ed.), India Education Report: A Profile of Basic Education. Oxford University Press.
5 ）小原優貴. 2008.「インドの教育における留保制度の現状と課題」『京都大学大学院教育学研究科紀要』第54号, 345-358.

課題研究 I
「民族共生とアイデンティティ形成」

琉球・沖縄のアイデンティティ―祈りをめぐる諸相―

森下 一成
（東京未来大学）

〈キーワード：琉球／固有信仰／チャンプラリズム／梵字碑／真言宗〉

1. はじめに

　かつて琉球王国は独立国であり、中継貿易国としてアジアの物産を動かし、「万国の津梁」として自らを誇った歴史がある。しかしながら、その後の歴史はあたかも荒波に揉まれる小舟のように他国の支配を受けて動揺し続けたと述べても過言ではない。

　その独立は、近世以降、中国・清王朝の冊封を受けながら、徳川幕藩体制（薩摩藩支配）に組み込まれるという二重支配によって形骸化し、琉球処分（1872年琉球藩－1879年沖縄県設置）によって大日本帝国へ編入され、失われた。また、第2次世界大戦後は、米軍による統治を受けた後に、米軍のいない沖縄という夢は叶えられることなく、再度、日本に帰属することになった。この間の、そして現在の琉球・沖縄に生きる人びとのアイデンティティはいかなるものか。本課題研究における報告では、それを考える契機を琉球・沖縄における祈りという行為、あるいはそのための空間における「異物」に求めた。その空間とは「神アサギ」あるいは「トゥン（殿）」と呼ばれるものである。また、「異物」の1つは相撲に用いる土俵、もう1つは密教に基づく種字や真言がサンスクリット語で刻まれた梵字碑である。その空間は琉球固有信仰伝来のものであるが、その「異物」は日本本土伝来のものであり、それらを共存させる力こそ琉球・沖縄のアイデンティティであることを示したい。

2. 今に生きる琉球固有信仰の空間としての神アサギ・トゥン

　琉球・沖縄には古より伝わる固有信仰がある。

　この固有信仰を、日本本土における神道との類似性を見いだして、「琉球神道」との呼称を用いることもあるが、本稿では「琉球固有信仰」と呼ぶ。

　この固有信仰は、琉球王府内では政治的支配者としての国王とその守護者としての神官・聞得大君（きこえのおおきみ）という関係を制度化して琉球王国の祭政一致政策を確立し、このひな形をその領邦中の集落に確立することで政教一致の支配により政治的安定性を確たるものにした。近世以前に成立していた沖縄本島内の各集落には、政教一致の統治の象徴の1つとしての性格を有する、神アサギ（神軒）やトゥン（殿）という集落祭祀を行う空間が設けられ（図1）、当初は仮設であったが、後に祭祀用の建造物が常設されるようになった（図2）。琉球処分、太平洋戦争敗戦直前の沖縄戦、戦後の米軍統治、そして本土復帰という歴史に翻弄され、その空間や建造物の形態上の変化は否めないものの、その多くが現在もなお存在し、祈りの空間として機能している。その一方で、この空間を公共的な空間として活用する事例も多く、図1の国頭村安田の事例では公民館が併設されている。国頭村内における17の神アサギ空間で祭祀空間として特化されている例は比地、辺土名、宇良の3地区のみである。

　固有信仰には、確たる教義や戒律等があるわけではなく、五穀豊穣や国・集落などの共同体の安寧への祈りが主であったが、集落祭祀の具体的な内容は王府によって定められ、琉球王府から任命された下級神官ノロの司式に基づき執行された。現在、固有信仰の衰退が指摘されているが、集落（区）役員をはじめとする住民の神アサギ・トゥンなどへの参拝は続けられ、エイサーをはじめ、さまざま

図1　国頭村安田の神アサギ空間　　　　図2　国頭村安田の神アサギ

な祭祀・行事が行われている。数百年にわたる「異民族」支配を受けながらも集落の核心として存在し続ける神アサギやトゥンとその空間における祭祀・行事に「琉球民族」としての1つのアイデンティティが示されている。

3. チャンプラリズム　〜固有信仰の空間における土俵、梵字碑

　「ゴーヤチャンプルー」という料理は今や沖縄料理の定番となった感があるが、この何でも入れてまぜて炒めればチャンプルーという料理になることにたとえて、外来のものなど異物をうまく取り入れてしまう琉球・沖縄の文化を「チャンプルー文化」と呼ぶことがある。戦後沖縄のポップカルチャーを牽引した照屋林助氏は「チャンプラリズム」とこれを呼び、「遙か海のかなたより　波の間に間に漂いながら　流れついたる寄りものを　神の恵みと拾い上げ　暮らしの中に取り入れて　ごたまぜにして楽しんだ　『遊びの文化』のこと」と定義したが、チャンプラリズムこそ琉球・沖縄のアイデンティティを示す一つの特徴といえないか。

　たとえば、琉球王国以来、その版図において相撲と言えば「琉球相撲」であり、これは本土で行われている相撲と異なり、内地の相撲（「日本相撲」という）のような土俵を必要とせず、どちらかといえばモンゴル相撲に近い。琉球王国の一部であった奄美大島でもその伝統に従っていたが、薩摩藩が持ち込んだ日本相撲が琉球相撲に取って代わった。その結果、固有信仰を行う神アサギの空間に土俵が置かれるようになり、現在に至っている。この相撲の例は支配者の文化に被支配者が倣ったともみえるが、そこに強制性はあったか、確たる資料は見出せない。この日本文化の受容によって競技としての日本相撲も盛んになった結果、現在では相撲界に多くの力士を送り込んでいる。土俵は集落祭祀に付随して行われるイベントに用いられるものとして常設されたが、真言宗に拠る梵字碑は集落の祭祀空間に常設され、信仰の対象となった点に違いがある。

　意外にも現在の沖縄県で仏教の信者数は多くない。本土のように徳川幕藩体制期に寺請制度が施行されたわけではなく、また薩摩藩が伝統的に念仏宗を容認しなかったことから、琉球王国時代の仏教受容は王府に集う上層階級の一部に禅宗や真言宗が広まったに過ぎない。しかし、神アサギやトゥンの空間あるいはそれ

に近い場所に梵字碑が設置され、今なお祈りの対象となっている。

梵字碑とは光明真言をはじめ「アビラウンケン」などサンスクリット語（梵字）が刻まれた碑であり、特に真言密教で重く用いられる梵字が刻まれている。真言密教の教義を受容するのではなく、そのなかの災難消除などの祈祷の要素のみを受け入れ、固有信仰の祈りへと組み込んでいる姿を古びた梵字碑に見ることができる。梵字碑の存在する集落は30余と多くはなく、全集落の10分の1程度に留まる。日本本土においても神仏習合のような例はあるが、異なる信仰の体系が理論的に合一化されないままに共存し、「暮らしのなかに取り入れて」いる様はチャンプラリズムの一断面をなすものであり、琉球・沖縄をめぐる民族共生とアイデンティティ形成を考える上で好例と思われる。

4. 今後の課題として

前項までの琉球・沖縄の事例は、表層的な変化はともかく、文化の核心的な部分は支配者の文化の影響は受けても、命脈が絶たれていないことを示している。チャンプラリズムのような多文化を咀嚼・吸収して自らの骨肉とするアイデンティティ、いわば「消化器」の強いそれは、当然ながら公教育課程に存在するのではなく、神アサギ・トゥンをはじめとする「暮らしのなか」での無意図的教育のなか、あるいは青年団組織におけるエイサーのように地域における社会教育に存する。このような琉球人・沖縄人としてのアイデンティティを育む学校教育外の教育と公教育による「国民の育成を期して行われ」る教育（教育基本法1条）との価値観の違いは、大きな災厄をもたらした沖縄戦をめぐる教科書の記述などで、当然先鋭的なものとなる。公教育による求心性を高めるナショナリズムの強調は、琉球・沖縄において「分離」へ向かうナショナリズムを刺激することになりかねない点を踏まえ、アイデンティティを尊重し、違いを前提とした上で、包摂、共存するあり方の構築が「急務」と云われて久しいことが今後も課題である。

【参考文献】
1）郭 潔蓉, 森下 一成, 金塚 基『多文化社会を拓く』ムイスリ出版 2019
2）森下一成「神アサギ空間における土俵及び神棚の発生―沖縄本島国頭村・奄美大島・加計呂麻島の比較考察―」『比較文化研究』(比較文化学会) (139) 225-240 2020.4
3）照屋林助『てるりん自伝』みすず書房 1998

課題研究Ⅱ
「SDGsの展開と開発途上国の教育実践」
〈司会者総括〉

白幡 真紀
（仙台大学）

　多様性と包摂性のある持続可能な社会の実現のため、2015年9月の国連持続可能な開発サミットで採択された「持続可能な開発のための2030アジェンダ」には17のゴールと169のターゲットから成る「持続可能な開発目標（SDGs：Sustainable Development Goals）」が示された[1]。日本でもSDGsは広く認識されるようになり、そのゴールやターゲットの内容、目標達成の方策や今後のあり方について、あらゆるレベルにおいて様々な議論が行われている。もちろん議論だけではなく、様々な実践を通してSDGs達成に向けての課題も顕在化している。本課題研究は、その課題をめぐって、「開発途上国と日本との国際協力関係」に焦点を当て、持続可能性を念頭に置いた教育実践報告からその共通点や課題を明らかにする。

　本課題研究は、SDGsの4番目のゴールである教育に関するSDGs「すべての人に質の高い学びの機会を」のターゲットの中でも、特に4Aの「子供、障害及びジェンダーに配慮した教育施設を構築・改良し、全ての人々に安全で非暴力的、包摂的、効果的な学習環境を提供できるようにする。」と4Cの「2030年までに、開発途上国、特に後発開発途上国及び小島嶼開発途上国における教員研修のための国際協力などを通じて、質の高い教員の数を大幅に増加させる。」を念頭に議論を進める。もちろんSDGsの設定それ自体について批判的な見方もあるが、多様性と持続可能性をキーワードとして、これらのビジョンを共有し同じゴールを見つめつつそれぞれの実践方法を模索していく意義は大きいであろう。

　本課題研究が重要視するのは、持続可能性を高めるための国際協力関係である。この国際協力関係とは、単に相手国と日本の「支援する側」と「支援される側」

の関係ではなく、相互活性化を目指した双方向的な関係である。日本から見た開発途上国支援と、開発途上国から日本に期待する教育技術や教育内容が相互に融合することは、SDGsの実施やパートナーシップの持続性という面から非常に重要である。このような課題認識から、本課題研究では開発途上国と日本の国際協力関係の実践的なあり方を検討するため、3名の会員の実践報告から議論を行った。この報告とは、第一に日本のへき地・少人数教育実践の研修供給について、第二にラオスにおけるへき地・少人数教育の実践内容の詳細を、第三にこれらの国際協力事業の拠点ともいえるJICAの活動実践についてそれぞれ発表が行われた。各報告の詳細は各稿を読んでいただくことにし、ここではその概要と討論の様子、各報告から析出された共通点やその様相を示していく。

　最初は川前あゆみ会員による報告、「開発途上国と日本のへき地教育の国際教育貢献の役割」である。川前会員は北海道教育大学釧路校で行っている開発途上国に対するへき地教育研修について報告した。川前報告は、開発途上国への研修を通した現場交流からの「学び」を大きく取り上げている。へき地・小規模校の指導技術の応用が開発途上国にもたらす効果だけではなく、現場交流が日本国内の教職志望学生にも大きな肯定的効果をもたらしていることが強調された。実際の教育現場で実践的課題を洗い出すことで、日本の教育システムの改革課題への示唆も得られる。これらの互恵的パートナーシップがもたらす学びこそが持続可能な教育研究活動であると川前報告は指摘した。

　次に、小野豪大会員による「ラオスにおける教育改善の実践と国際教育貢献」である。小野会員は川前報告におけるラオスにおける技術指導実践をラオスの視点から報告した。本課題研究では、国際協力を達成する鍵として「双方向」であることに焦点を当てたが、小野報告でも日本型教育の実践を「開発途上国に応用する際は相手国の教育土壌に合わせ、相手国の主体性に基づくべき」との点が強調された。小野報告では、長らく現地での教育実践に携わった、まさに実践者からの視点による現地の状況とその課題が明らかになっている。また、当日の報告では豊富な写真によって現地の実践の様子が臨場感をもって伝えられた。

　最後は、佐藤秀樹会員により、「SDGsと教育開発"JICA地球ひろば"の実践から―青年海外協力隊の経験がもたらす教育学的効果の検証―」が報告された。ここでの「学び」について、佐藤報告は、JICAにおけるプログラムの実施前後

の参加者の意識変化に焦点を当てている。ここで注目すべきは、参加者が異文化に対する疑似体験によって明らかな価値観の転換と気付きを得ていることであり、これらがコンピテンシーとして広く応用可能である、と佐藤報告は指摘する。

　これら3つの報告に対し、討論時間には活発な議論が行われた。川前報告では質問として「地域を巻き込んだつながり」について言及があり、あらためて「地域を元気にするための活動を発信する」重要性が認識された。小野報告に対してはラオスにおいて日本式知識の定着を図ることの利点や難しさが質問として挙がった。小野会員の回答からは、現地で活動する中では政府の援助方針や利害関係者による軋轢があるものの、最終的には現地のニーズこそが重要であるとの点が再認識された。

　佐藤報告に対しては、日本で生まれ育った青年海外協力隊が、いかに自分のアイデンティティを見つけ、孤立しがちな現地での実践を行っているかについて質問があった。これに対し、それぞれ異なる価値観の中で周囲との「対話」を重ね、道を一緒に模索していくことで解決した事例が挙げられた。これらの質疑応答からは、実践においては「つながり」や「対話」、「相手との協調」など、関係性構築のための個々の努力の蓄積が重要であることがより一層鮮明に浮かび上がった。

　3つの報告に共通して強調された点は、国際協力関係における相互の「学び」であり、これが互恵的パートナーシップに持続可能性を持たせるものとなっている。討論では、この「学び」についてパートナーシップ関係の中で、特に開発途上国から何を学ぶのかが議論された。小野会員は、この学びは何かという点について、これが今後の課題として道筋を模索する必要はあるとしながらも、彼らのコミュニティの中では日本人が見失いがちになってきた「地域と学校の関係」が生きていると言及した。個々の人と人の間の関係によって活性化するパートナーシップが、教育全体に与える影響は無視できない。

　佐藤会員は、日本の教育から見た価値観や常識、道徳が必ずしも開発途上国で是とされていない具体的事例を挙げ、これらの社会的・文化的前提の違いを認識することこそ学びの恩恵であるとした。また、その学びにおいて重要な鍵概念となるのはSDGsを念頭に「他者と協働した知識」「チーム・ティーチング」「教え合いを通した知識」である。さらに、佐藤会員からは、帰国した青年海外協力隊

に対する意識調査の結果として、相手国へ「（教育等の）技術を教えて貢献した」という感覚よりもむしろ「家族やコミュニティ、人々のつながり等の社会の在り方について自分が学んだ」感覚が大きいことが明らかにされたことが示された。

　紙幅の関係からここですべての討論内容を紹介することはできないが、3つの報告と議論から、この「学び」については次のような点が明らかになっている。

　川前報告は、日本のへき地教育を開発途上国で実践するにあたり、直接的・間接的効果を5つの視点から整理する。直接的な教育貢献がもたらす効果、そして研修事業に関わることによる効果、これは当然両者にもたらされ、さらにこれらの相互作用がもたらす互恵的パートナーシップにより学びそのものに広がりを期待できると川前報告は強調する。

　小野報告は、開発途上国での実践においては、日本の教育経験を応用することはこれまでも採用されてきた伝統的事業育成手法であると述べる一方で、「協働」という文脈からは「双方向」といえるレベルまで実現している団体は決して多くないとその課題を指摘する。川前報告と小野報告は、まさしく「ラオスでの教育実践」を両面から見つめており、これらの報告を併置することで両者の指摘する「学びの姿」がより鮮明になることであろう。

　JICAに関する佐藤報告は、この「学び」がVUCAの時代において子どもたちが身につけるべきコンピテンシーに結びつくものとして議論を展開し、開発途上国における直接的な教育経験だけではなく、日本における学校外の体験においても異文化の価値観を共有できることを明らかにしている。これはまさに川前報告で示された「間接的」効果に通じるものであり、小野報告が言及した事業実施主体が日本にもたらすフィードバックとして大いに期待できるものである。

　以上のように、本課題研究ではSDGsの達成を目指す開発途上国の教育実践における「双方向の学び」こそが持続可能性の高い互恵的パートナーシップにとって重要な点であることが改めて認識され、その学びの姿も明らかになった。しかし、これをどのように形作り、継続させていくかについては実践的課題が多く残っており、その解決を模索したこうした個々の経験の蓄積が重要となるであろう。

【注】

1）SDGsゴール、ターゲットに関する記述および訳出は外務省HPの『持続可能な開発のための2030アジェンダ』を参照した。
　https://www.mofa.go.jp/mofaj/gaiko/oda/sdgs/pdf/000101402.pdf

課題研究Ⅱ
「SDGsの展開と開発途上国の教育実践」
開発途上国と日本のへき地教育の国際教育貢献の役割

川前 あゆみ
(北海道教育大学)

〈キーワード：へき地教育／国際教育貢献〉

1. はじめに

　本稿は、日本のへき地教育が開発途上国の教育改善にどう貢献しているのかを明らかにすることを目的としている。へき地教育は教育学研究領域の中でもマイナーな分野であるが、課題研究Ⅱのテーマ「SDGsの展開と開発途上国の教育実践」のなかで、日本の教員養成大学がこれまでの経験知を開発途上国の教育行政職や実際の学校現場で指導技術改善の研修に携わること自体が国際教育貢献のSDGsの役割を一定程度果たすことを明らかにした。また、国際教育貢献自体が日本の教育の今後の在り方に示唆を与えるものにつながることを提示した。本稿での指摘が特に開発途上国における複式学級の学習指導改善に関するへき地教育の質的向上に貢献する国際教育貢献の役割にも言及していく。

　さらに、これらの活動が日本から被支援対象国への一方向的な技術指導や教育支援ではなく、開発途上国への研修事業を通して、日本におけるへき地教員養成教育に必要な資質、日本の学校教育における新たな教育観や指導観といった教育をとらえる上での新たな学びと持続可能な社会の実現に向けたSDGsの展開に寄与できるものとしてとらえていきたい。

2. へき地教育研究における日本のへき地・小規模校の現状と学習指導の多様化

(1) 日本の学校規模の小規模化の現状と教員養成の課題

　日本のへき地教育の現状を概観すると、例えば2021年現在、北海道（179自治体）の約83％が過疎地域に指定され、へき地指定校は全国最多の約570校（公立小中学校合わせて約1500校）を有している。全国的にみても、2030年には関東を除く全国のほとんどの小学校において、1校あたりの児童数は120人以下にまで減少する予測があり、学校規模の縮小化が顕在化している。

　この現状に対応するため、日本の教員養成課程をもつ各大学において、へき地・小規模校教育をカリキュラムに位置づけてへき地の即戦力となる教員を養成することと、へき地・小規模校に勤務する現職教員の研修機会を拡充することが喫緊の課題となっている（川前2015, p.73）。

(2) 日本における学校の小規模化と少人数学習指導の多様化

　日本の教育課題の一つとなっている学校の小規模化に対して、教員養成大学としてのへき地・複式教育の充実の必要性が指摘されている。日本には、どんな地域でもどんな学校規模でも児童生徒のために一定の教育水準を保障するへき地教育振興法が1954年に制定され、現行法にも規定されている。そのへき地教育振興法の目的（第1条）には、「教育の機会均等の趣旨」に基づき、「へき地における教育の水準の向上」を図ることとしている。さらに、へき地学校の定義（第2条）には、「交通条件及び自然的、経済的、文化的諸条件に恵まれない山間地、離島その他の地域に所在する公立の小学校、中学校及び義務教育学校並びに中等教育学校の前期課程（中略）」として定義付けている。これらの条文からも分かるように、日本の義務教育制度は、学校区の在籍児童生徒がたった一人であったとしても、その児童生徒の学びを保障する学校環境整備と教職員の人的配置が課せられている。

　人口減少社会が進む日本の少子化と学校教育の課題について、これらの学校規模の縮小化への対応と「令和の日本型学校教育」の実現に向けた内容には、個別最適化教育・協働学習活動・ICT・遠隔双方向型教育等、へき地・小規模校教育研究の成果を生かした指導技術の開発と普及が求められている。他方で、コロナ

禍によるオンライン授業にも子どもたちの学びの充実が求められ、過疎地域では特に遠隔双方向の教育のあり方を模索している状況にある。日本ではGIGAスクール構想の推進により、小規模校であるからこそ新しい教育指導法が取り入れ易いことから全国的にも注目を集めている。

3. 教員養成大学の教育指導技術研修と国際教育貢献の役割

　日本の複式学級における学習指導技術は国際的にも評価が高い。なぜなら、日本の指導法では、課題設定から発問・指示・説明・ワーク・まとめ・板書の体系的な指導法が定式化されている上に、複式指導でも間接指導・リーダー学習・「わたり・ずらし」・自律型学習方式などの基本指導スタイルが確立されているからである。報告者が勤務する北海道教育大学では全国で唯一、へき地・小規模校教育に関する研究を専門とした全学センターを有し、歴史的にも指導技術の伝承を牽引してきた。近年では開発途上国からの期待に応えて国際教育貢献として関係各国の視察受入や研修講座を担っている。その一連の研修事業では、我々が開発途上国の現地に赴いて教員養成大学の教官や行政官への研修を担うこともあれば、実際の学校現場を視察して授業改善の指導助言を行うこともある。これらの指導を行うことで、開発途上国のへき地教育は、急速に改善されていくことを目の当たりにしてきた。

　一方、開発途上国のへき地も同じへき地であるが、そのすべてにおいて日本とは全く異なる暮らしの中に学校がある。日本では全校児童生徒が16人までの2個学年複式学級編制である。多くの開発途上国では1つの学校に全学年を教える教師が一人しか配置されていない場合や、一人の教師が3個学年を受け持ちながら日々の授業実践に奮闘している学校もある。このような中では、自立型学習方式や協働学習方式の確立も学習指導上の課題となってくる。

　そのような状況下にありながら、開発途上国に対する日本のへき地教育の国際教育貢献を通じた教育の新たな学びにはどのようなことがあるか、これまでの研修事業から次項で5点に大別して示す。複式学級指導という課題からすれば、教えることだけではなく、日本の教育実践研究により探究的な学習活動や協働学習を開発していくことが重要になる。

4. 開発途上国への研修事業を通じた学びの広がりとSDGsへの展開

　他国への研修事業を通じて、国際教育貢献として日本が他国と互恵的な関係を築きつつ互いの教育活動の充実に発展している。下記に示すように直接的な教育貢献場面の創出に限らず、間接的な研修事業への関与を通じてSDGsが目指す持続可能で互恵的な関係性を構築する学びの広がりをとらえた。

（1）直接的なSDGsの展開に寄与できる日本のへき地教育が国際教育貢献に一定の役割を果たす。

（2）教員養成大学の研究者が直接的に開発途上国の実際の現場交流を通じて他国の教育観から日本の教育の課題や今後の課題を俯瞰できる。

（3）教員養成課程に学ぶ学生たちが間接的に開発途上国の実際の現場における教育の困難さに気づくことができる。

（4）教員養成課程に学ぶ学生たちが間接的に開発途上国と日本の現状を比較的に考えることができるようになり、他国から日本の教育の良さと課題に自分自身の経験知にとらわれない新たな教育観を醸成できる。

（5）教職を目指す学生が、将来の具体的な教師像を開発途上国との間接的なかかわりから見出す契機を得る。

　上記の（1）にみる直接的な国際教育貢献の役割を果たすために、日本の教員養成大学に勤務する我々研究者が開発途上国の実際の現場に赴いて現地の教員養成校やへき地学校と交流する中で得られる学びがある。その直接的な学びを経たうえで、（2）にみるように、今度は日本の教員養成大学で学ぶ学生たちに学習指導上で間接的に伝え、還流していくことが可能となる。さらに、（3）で学生達は、日本の教員養成大学での学びと開発途上国の教育事情を比較的にとらえることができるようになり、（4）にみるように、他国の教育事情から日本の教育の良さと取組課題を再認識することができる。そのことが日本の学生自身にとって新たな教育観を醸成する契機となっていく。そして（5）では、日本の学生自身が自身の教師像を未来に向けて見出す契機となっていく。このように、段階的な螺旋的とも言える学びの段階は、教育活動が単発の活動に止まらず、体系的に様々な教育活動を紡いでいくことによって、教員養成教育が質的に高まっていくプロセスがあることに改めて価値づけることができよう。今後の課題は、上記5点を中心

にした継続的な取組と検証が求められる。

5．おわりに

　本稿では、SDGsの目標4にある教育分野のターゲット4.Cに掲げられている
「2030年までに、開発途上国、特に後発開発途上国及び小島嶼開発途上国におけ
る教員研修のための国際協力などを通じて、質の高い教員の数を大幅に増加させ
る。」に寄与する研究として、報告者の勤務する大学の教育研究活動により「開
発途上国と日本のへき地教育の国際教育貢献の役割」について論じてきた。
　日本のへき地教育は、その確立された指導法や教材・教科書活用方法におい
て他国から極めて高い評価を得ており、それらを開発途上国に普及することで
SDGsの一端を担うことができる。一方、日本が開発途上国の無学年制学級編制
のあり方を学ぶことは、日本の複式指導の自立型学習活動や日本の一斉指導方式
にも示唆を与え、日本の個別最適化教育の新たな方向性をとらえていくことがで
きる。

【引用・参考文献】
1）川前あゆみ著『教員養成におけるへき地教育プログラムの研究』学事出版，2015年．
2）北海道教育大学へき地・小規模校教育研究センター『へき地・複式・小規模校教育の手引
　—学習指導の新たな展開—（改訂版）』北海道教育大学，2022年．
3）興津妙子・川口純編『教員政策と国際協力—未来を拓く教育をすべての子どもに—』明石書店，
　2018年．

課題研究Ⅱ
「SDGsの展開と開発途上国の教育実践」

ラオスにおける教育改善の実践と国際教育貢献

小野　豪大
（北海道教育大学）

〈キーワード：ラオス／日本の教育経験／双方向の学び〉

1. はじめに

　2015年に国連サミットで採択された持続可能な開発目標（以下、SDGs）や2019年以降の世界的な新型コロナウィルス感染症のまん延の影響を受けて、国際教育貢献の状況も大きくシフトしている。SDGsでは目標達成に向けた開発途上国と先進国の協働性が強調され、日本のコロナ禍ではGIGAスクール構想の前倒しによってICTを活用した教育環境の整備が進んでいる。開発途上国の教育課題に対する日本の貢献の仕方も変化しているが、本稿では「日本の経験」を応用した事業の展開に焦点を当てたい。具体的には、ラオス人民民主共和国（以下、ラオス）において近年実施された日本のNGOによる教育改善事業の実践事例を取り上げ、それを「日本の教育経験」の応用という視点からとらえていく。国際教育貢献では、一般に対象国側の学びの獲得が強調されがちだが、対象国との「協働」や「双方向の学び」の必要性を明らかにしていきたい。さらに、SDGsを共通項にICTを活用した今後の国際教育貢献に示唆を与える実例から、今後の可能性をとらえていきたい。

2. ラオスの概要と教育課題

　東南アジアの内陸国ラオスは50民族を有する多民族国家である。人口約700万

人のうち6割はラオス語（ラオ語）を母語とする主流民族だが、4割は独自の言語や文化を有する少数民族で、多くは山岳地帯に集住している。人口に比較して面積は約24万㎢（日本の本州程度）なので、1㎢当たりの人口密度は約29人という計算になり、東南アジアの中でもかなり低い。政治的には1975年以降ラオス人民革命党による社会主義体制を維持する一方、経済的には2000年代に入って毎年4～8％の成長を記録してきた。当初は2020年には開発途上国からの「卒業」を目指していたが、未だに社会サービスの地域格差も大きく、有償・無償を含む国連機関や先進諸国による開発援助事業も数多く継続している。

　教育課題としては、教育の民族格差が最も基礎的、全土的、国民的な課題と言える。すべての教育活動は国語であるラオス語で実施されるので、少数民族出身の児童生徒は初等教育段階で日常言語、学習言語としてのラオス語習得という大きなハードルに直面する。2015年の初等教育統計では就学率が97.2％に対して残存率は78.3％であり、とりわけ少数民族が多く居住する地域では一定数の留年や中退が存在するため、5年生まで就学できる割合は低下する[1]。特に中国、ベトナム、カンボジアとの国境に接する北部及び東南部の山岳地域の残存率が低い。言語的な側面以外にも、通学路のアクセスの悪さ、教育施設の老朽化、へき地校の教員不足、教育に関する家庭の理解の低さや経済的負担など、様々な要因も影響する（学費は無料だが、制服、バッグ、文具などの購入費が負担になる家庭もある）。

3. ラオスにおける複式学級運営改善事業

　ラオスでは、歴史的に国連や諸外国の援助を受けて教育改善事業が実施され、日本からも国際協力機構（以下、JICA）や教育協力NGOによる支援が継続されている。また、ラオスは日本政府が1965年に初めて青年海外協力隊を送った国のひとつでもあり、以来50年以上に渡る国際協力の歴史から、親日国と評されている。そうした数々の支援事業の中でも「日本の教育経験」が応用された具体的なケースとして、「複式学級運営改善事業」（事業期間：2018～2022年）を取り上げたい。

　ラオスで30年以上事務所を構えて教育協力事業に関わってきた公益社団法人

シャンティ国際ボランティア会（以下、シャンティ）が実施するこの事業は、ラオス北部地域の教員養成校の複式学級運営に関する指導の仕組みを強化することを目標としている。ラオス北部では、複式学級を有する学校の割合が全体の3分の1以上であり、多くの教員がその指導法に苦慮している。シャンティは、事業構想とラオス政府の教育開発方針との整合性を見極め、教育省、対象となる県教育局及び教員養成校と調整・立案をした上で、JICAの「草の根パートナー型事業」に採択された。主な活動内容は、複式学級運営に関わる指導者訪日研修、教育行政官・現職教員研修、手引きの開発で、北海道教育大学（主に、へき地・小規模校教育研究センター）が教育技術の指導・助言の面で協力してきた。

複式学級とは、「2つ以上の学年の児童生徒を1学級に編制している学級」を指す[2]。津曲（2012）はラオスが複式学級を奨励する理由について「すべての村に通学可能な範囲内で完全小学校を設置することは非常に難しいが、複式学級にすることで、限られた教室、教職員数でも完全校とすることが可能となるため」と述べている[3]。完全小学校とは、第1から第5までの全学年が共に同一校舎で学習できる小学校を示すが、2015年時点で全小学校数8,884校中、完全小学校数は6,861校（77.2%）であり[4]、その後も複式指導の導入などの要因で、不完全校の完全化も進んだ可能性がある。つまり、複式学級の促進は政府の教育政策にも合致した事業だったと言える。

さらに、ラオスのへき地校では配置される教員が不足しており、複式学級を編制せざるを得ない地域が多く、2個学年のみならず3個学年の複式学級も存在している。担当教員に複式学級における学年ごとの授業を円滑に運営する技術が不足しており、1つの学年の指導に集中するあまり、もう1つの学年が全時間自習学習や長時間教師の指示待ちの状態に置かれることもある。新しい複式学級の運営技術には研修実施や手引き配布によってこうした課題解決にも期待がかかっている。

日本の複式指導の手法は、1950年以降に確立され、日本の学校教育の中で長きに渡って発展し、現在でもへき地・小規模校教育において不可欠な指導技術となっている。教員が事前に各学年の指導計画や1単位時間ごとの指導案を準備し、直接指導・間接指導の実施によって各学年の学習過程に常時関わることができる日本式の指導法は、ラオスの課題解決にも役立つ可能性を持った「日本の教育経験」

であり、それがシャンティの事業立案に大きく貢献したと考えられる。

　事業期間中には新型コロナウィルス感染防止対策のロックダウンによって活動縮小も余儀なくされたが、北部地域での研修活動はおおむね終了した。発刊された「初等教育用複式指導手引き」にはラオスで独自に考案された３個学年複式学級の学習過程も掲載され、今後は北部地域のみならず全国８か所すべての教員養成校での研修会も予定されている。

図1　第３学年（窓側）と第２学年（手前）の複式学級（第２学年には少数民族児童含む、筆者撮影）

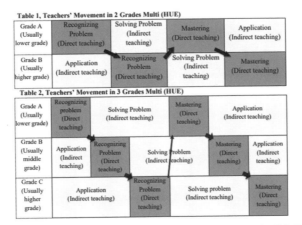

図2　4段階の学習過程（上段が２個学年複式用、下段が３個学年複式用）[5]
（出典：ラオス教育スポーツ省（2022）「初等教育用複式指導手引き」14頁より抜粋）

4. 国際教育貢献に「日本の教育経験」を応用する意義

　「日本の教育経験」を開発途上国への教育改善事業に応用することについては、2000年代にJICAが調査研究会を設けて議論し、貴重な報告書をまとめている。

その報告書には、明治初期からの日本の教育史をはじめ、教育行政、教育財政、学校経営、女子教育、へき地教育、教員養成など、日本が直面した教育の「量的拡大」、「質的向上」、「マネジメント改善」という課題に対する取り組みと成果が体系的に収録されている。比較的短期間で基礎教育の普及を成し遂げており、客観的に見ても開発途上国の教育課題の解決にも大きく寄与することが期待される。本稿の実践事例で取り上げた複式指導の特徴もへき地教育の章に含まれる。その研究会で中心的役割を担った村田（2004）は、開発途上国への応用可能性を議論する中で「相手国の教育土壌に合わせ、相手国の主体性に基づくべき」と、決して日本の教育経験を押しつけるものではないという姿勢を強調した。

　これらの主張は、その後の教育協力事業の立案や実施に欠かせない方針となり、近年では2016年に開始された「日本型教育の海外展開推進事業」（通称EDU-Portニッポン）へと継承されている。EDU-Portニッポンは、諸外国から日本の初等中等教育などに関心を持たれたことが契機となり、文部科学省が提案した構想である。官民協働のオールジャパンで「日本の教育経験」の紹介に取り組むことが主たる活動だが、先述のJICAの研究会がまとめた報告書を土台にしながらも、より現代的で、具体的な教育技術に焦点を当てたものが多くなっている。企業、NGO、大学など多様な教育関連機関の提案により、これまでパイロット事業を36か国（地域）で実施してきた。さらにこの構想の理念が「相互理解と国際社会への貢献」のみならず、「日本の教育の国際化など教育の質的向上」や「日本の経済成長への還元」にまで及ぶことも特筆に値する。

　一方、教育協力NGOがその海外事業において「日本の教育経験」を応用することは、とりわけ日本生まれのNGO組織にはごく自然で、伝統的な事業形成の手法であり、JICAやEDU-Portニッポンの国際教育貢献の潮流を意識したものとは考えにくい。日本人職員であれば自ら体験したことも多く、日本語で関連情報を入手しやすいので、例えば幼児教育、読書推進、教材作成などの研修プログラムの実施において、日本の専門家を招聘して遊具・図書・教材なども提供するような活動展開は比較的得意分野と言える。また、教育協力NGOの海外事業の運営資金は、基本的に市民からの募金で成り立つが、この時も「日本の教育経験」を事業内容にすることでより共感が促進される。広報活動を兼ねて対象国や事業内容を紹介する開発教育や国際理解教育に積極的に取り組むNGOも多い。「日本

の教育経験」をまとめたJICAの調査研究会のように学識経験者が理論的な有用性や方法論を示す一方で、教育協力NGOには生来的に日本の教育経験を生かそうとする志向性や行動様式が見られるが、そうした組織文化から国際教育貢献の事業が考案されていることも意義深い。

5. 国際教育貢献における今後の可能性

本稿では、ラオスにおいて「日本の教育経験」である複式指導を焦点にした実践事例について、政府事業の推進に関わる時代の潮流や教育協力NGOの組織文化の側面からその意義をとらえてきた。日本の援助組織が関わる国際教育貢献は、今後も「日本の教育経験」を知的財産としながら立案される事業も増加することが推察できるが、EDU-Portニッポンの今後について、杉村（2019）は「相手側の政治的、経済的、社会的、文化的文脈に配慮しながら、相互に理解し、時にはそのモデルを改変することで歩み寄りながら協働することが重要」だと述べる[6]。こうした「協働」の姿勢はシャンティの実践事例にも見られ、今後も事業立案・運営の基本的原則となるものだろう。

EDU-Portニッポンでは2020年に「EDU-Portニッポン2.0に向けた提言」が採択され、「水平的で双方向の学びの機会」が強調された。それは相手国へ「日本の教育経験」を紹介するだけに留まらず、同時に日本側もおおいに学び発展する必要性を意味している。「相手国からいかに学ぶか」は、事業を実施する組織によって一様ではないが、「双方向」と言えるレベルを実現している事業はまだ少ない。国際教育貢献において、この日本側の学びを高めることは教育活動をより豊かにするための可能性のひとつだと言える。

6. おわりに

本稿では、「日本の教育経験」を応用していく意義を国際教育貢献事業からとらえてきた。最後に、2020年度EDU-Port公認プロジェクトに採択された「双方向の学び」を示した事業をとらえつつ、今後目指すべき国際教育貢献における学びの方向性を明らかにしたい。特定非営利活動法人Colorbathが中心となって提

案された「マラウイとのICTを活用した生徒・教師参加型の双方向グローカル
プログラム推進事業」は、マラウイ・ムジンバ県カプタ教育局と山口県周南市立
富田中学校の生徒・教師同士のオンライン交流を活動内容としている。日本側が
マラウイ側へICTスキルトレーニングを実施した上で、交流企画として生徒会
や委員会の活動を紹介することから始め、今後は周南市教育委員会や小学校及び
中学校校長会と連携しながら、他の小中学校にも活動を広げようとしている。

　特筆すべきは、事業提案の前に相手側のニーズと合わせて、日本側のニーズも
明確にしている点である。同事業では、この活動を通して日本側が得たい学びと
して、①コロナ禍におけるICTの活用促進、②SDGs関連の探求的な学習、③英
語を使う実践的な場、④世界に視野を広げるキャリア教育、の4点を列記した。
このように事業の計画立案時に日本側の学びを明確にすることは、国際教育貢献
において学びの双方向性を実現する場合には不可欠であろう。日本国内で開発教
育や国際理解教育を推進するNGO・NPOの取り組みとも重なる部分でもある。
もちろん、「日本の教育経験」をテーマにしつつも、相手国側のニーズ対応が先
決で日本側のニーズへの還元をあまり重視しない事業もある。しかし、時代の潮
流は、SDGsの目標4にある「質の高い教育をみんなに」と同様に、目標17に掲
げる「パートナーシップで目標を達成しよう」を意識的に相互に連関させる環境
整備に向かうだろう。とりわけ学校教育の実践現場は本来的に学ぶことが使命で
あることから、学びの双方向性を容易に追求できる。それでは、どのような学校
種、教科、活動を選定すると互いの学びの効果が高まるのだろうか。双方をウィ
ンウィンに導く国際教育貢献のあり方を見出すべく、今後も数多くの実践事例に
ついて多角的で継続的な検証を続けていきたい。

【注】

1）Statistics and Information Technology Center of Education and Sports (SITCES) (2015)『Lao
　　PDR EDUCATION PROFILE 2011-2015』, 1-3頁.
2）北海道教育大学へき地・小規模校教育研究センター（2019）『へき地・複式学級における学
　　習指導の手引』北海道教育大学，79頁.
3）杉村美紀（2019）「『方法としての比較』の視点からみた日本型教育の海外展開」『教育学研
　　究』第86巻4号2019年12月，74頁.
4）津曲真樹（2012）『ラオス教育セクター概説』，53頁，（2022年3月3日最終閲覧）. http://
　　jp.imgpartners.com/image/A5E9A5AAA5B9B6B5B0E9A5BBA5AFA5BFA1BCB3B5C
　　0E22012_Final.pdf.
5）岩品雅子（2015）「ラオスの公立小学校における学校評価の進展について」（実践・調査報告）

『日本評価研究』第15巻第1号（27-40頁），日本評価学会，32頁.

6）4段階の学習過程：日本の単式の学習過程は一般に「導入―展開―終末」の3段階だが、複式の場合「課題把握―解決努力―定着―習熟・応用・評価」の4段階となり、2個学年を行き来しながら指導するため、これらの過程を直接指導と間接指導の技術を用いて実施する。ラオスの場合も「Recognizing Problem-Solving Problem-Mastering-Application」のようにほぼ同展開で設定し、さらに現在日本ではほぼ見られない3個学年複式学級用の学習過程も独自に考案している。

7）令和3年度EDU-Portシンポジウム当日発表資料―公募事業活動報告NPO法人
Colorbath（2022年3月3日最終閲覧）.
https://www.eduport.mext.go.jp/event/symposium/symposium-fy2021/

【引用・参考文献】

1）草の根パートナー型2017年度第1回　採択内定案件-応募団体：公益社団法人シャンティ国際ボランティア会（2022年3月1日最終閲覧）.
https://www.jica.go.jp/partner/kusanone/country/ku57pq00001nf9vy-att/lao_23_p.pdf

2）独立行政法人国際協力機構国際協力総合研修所編（2003）『日本の教育経験―途上国の教育開発を考える―』，国際協力機構.

3）日本型教育の海外展開(EDU-Portニッポン)（2022年3月2日最終閲覧）.
https://www.eduport.mext.go.jp/

4）村田敏雄（2004）「日本の教育経験」『国際協力研究』第39号，7-16頁.

5）ラオス教育スポーツ省（2022）「初等教育用複式指導手引き」.

課題研究Ⅱ
「SDGs の展開と開発途上国の教育実践」

SDGs と教育開発"JICA 地球ひろば"の実践から
—青年海外協力隊の経験がもたらす教育学的効果の検証—

佐藤 秀樹
（公益社団法人　青年海外協力協会、桐蔭横浜大学）

〈キーワード：SDGs ／ JICA 地球ひろば／青年海外協力隊／社会構成主義〉

1. 問題の背景と本稿の目的

（1）はじめに

　現代社会は、情報化やグローバル化が人間の予測を超えて進展し、「予測困難
で不確実、複雑で曖昧（VUCA）[1]」な時代を迎え、それに適応するための資質
としてコンピテンシー[2] が注目されている。

　コンピテンシーは、近代産業社会に適応するための知識集約型の学力モデル（認
知的スキル）ではなく、「知識を主体的に活用しながら、現在の社会に活かして
いく力」のことを示しており、日本の教育においても、「様々な情報や出来事を
受け止め」「他者と共に生き、課題を解決していくための力の育成」が求められ
ている（文部科学省、2021 年）。

　各教科においては、個別の知識を関連付け、社会の様々な場面で活用できる
知識を身に付けることが必要となる。2022 年改訂の学習指導要領の「歴史総合」
では、事実の認知のみではなく、因果関係、相互作用で捉えることや「自由・制
限」「対立・協調」等という二律背反な軸が示されている。「道徳」においては、
社会正義と相互理解等、対立軸を設定し、自分とは異なる意見を持つ他者と議論
することを通して、道徳的価値を多面的に考えることが重要とされている（合田、
2019）。各々の教科において、対立する価値観による「葛藤[3]」を体験させ、考
えさせることは、学習指導要領の求める教育実践に合致していると言える。

(2) JICA地球ひろばと本稿の目的

　「JICA地球ひろば」は、独立行政法人国際協力機構（JICA）が開発教育の実践の場として2006年に東京に設置した施設である。この施設では、世界の開発課題や日本の国際協力の取り組み等を展示物で紹介している。青年海外協力隊[4]（以下協力隊）の経験を有するスタッフ（地球案内人）が、展示案内・開発途上国での体験談・ワークショップを通し、開発途上国の課題や異文化、活動の実態、現地の人々から得た学び等を伝えている。この一連のプログラムを団体訪問プログラムと言う。

　協力隊の経験を教育素材にした先行研究は、岸磨貴子・久保田賢一（2012）など多くの蓄積がなされ、現場の教師からの実践研究でも一定の評価を得ている。またJICA地球ひろばと教育関連の研究は津山直樹（2019年）が挙げられるが、学習設計について論じた研究である。現在のところJICA地球ひろばにおいて、地球案内人（協力隊経験者）の実践内容にフォーカスした研究は見当たらない。本稿の目的は、協力隊が現地で経験する「葛藤」「現地からの学び」をキーワードに、団体訪問プログラムが構成主義的[5]な学習的視点を有し、そのプロセスが現在求められている「不確実な社会に対応していく力を養うこと」へ寄与する可能性を明らかにしていくことである。

2.調査分析内容及び方法

　第一に、JICA地球ひろば団体訪問プログラムのアンケート結果を基に来館者の満足度と意識変化について数量的に確認する。

　第二に、地球案内人10名に半構造化インタビューを実施し、開発途上国での国際協力の現場で「教育開発」活動中に直面した「課題が内在する文化的要因と協力隊個人が正しいと思う普遍的価値との葛藤」及び「現地からの学び」が、日本での「開発教育[6]」に活かされる構造を探究していき、参加者がプログラムを通して自分の知識（固定概念）を再構成していく過程を明らかにする。

3. 実践と考察

(1) 団体訪問プログラムの成果（量的結果）

本稿の調査対象である団体訪問プログラムの約5年間の実施件数と人数2,598件（60,808人）のアンケートの結果を以下の表1にまとめた。

表1　JICA地球ひろば団体訪問プログラムアンケート結果
（回答期間[7]：2015年5月12日〜2020年1月17日）

	団体訪問プログラム実施件数（人数）	満足度[8]（％）	意識変化有り[9]（％）
参加者	2,598件（60,808人）	95.3	95.6
（内訳）小学校：241件（10,741人）、中学校：834件（16,517人） 高等学校：698件（17,558人）、大学：377件（8,015人） その他（企業、NPO等）：448件（7,977人）			

上記の数字から、来館者は実施内容に対する満足度が高いこと、何らかの意識変化があったことが見られた。本稿ではどのようなプロセスを経て満足度の高い結果につながったのか探究する。

(2) 地球案内人へのインタビュー調査（質的結果）

本調査では、地球案内人10名に半構造化インタビューを行った。質問内容は①派遣国事情・活動内容、②現地での問題、③対処方法、④対立する価値観、⑤現地からの学びについての5つである。ここでは本稿の目的と関連のある「対立する価値観」と「現地からの学び」の2つにフォーカスして分析した（表2, 表3）。

表2　地球案内人の派遣国・職種・派遣期間と関連するSDGs

地球案内人	派遣国	職種（内容）	派遣期間	関連するSDGs
A（女性）	ウガンダ	体育教諭	2016年-2018年	③健康　④教育
B（女性）	マーシャル	小学校教諭	2016年-2018年	④教育
C（男性）	ザンビア	体育教諭	2017年-2019年	③健康　④教育
D（女性）	エチオピア	数学教諭	2015年-2017年	④教育　⑨産業

E（男性）	モザンビーク	村落開発普及員 （識字教育）	2011年-2013年	④教育　⑨産業 ⑩不平等
F（女性）	ケニア	環境教育（自然保護）	2015年-2017年	⑮陸の豊さ
G（男性）	バングラデシュ	環境教育 （ゴミ問題対策）	2012年-2014年	⑪まちづくり ⑫つくる責任、使う責任
H（女性）	東ティモール	栄養士	2015年-2018年	②飢餓と栄養 ③健康
I（女性）	カンボジア	手工芸	2011年-2013年	⑤ジェンダー ⑧働き甲斐
J（女性）	エチオピア	卓球	2016年-2018年	③健康

表3　普遍的価値観と対立する価値観の葛藤例

テーマ	青年海外協力隊の普遍的価値	対立する価値観
教育の質	正しい知識の伝達	途上国の人々の尊厳
貧困支援	公平、自助努力	助け合いのセーフティネット
ジェンダー	普遍的正義の遂行	現地の文化（慣習）の尊重
栄養指導	客観的（科学的）な栄養指導	現地の文化（迷信）の尊重
密猟問題	法令順守、社会正義	現地の文化（生活）の尊重
豊かさ	貧困、悲惨、不幸	笑顔、明るさ、幸福感
ボランティア	一方向的な支援	現地からの学び（双方向）

【具体的な葛藤の例と社会的構成】

　ウガンダで物乞いに遭遇したAは、お金をあげてはいけないと思い、無視をしたが、現地の同僚の教師はお金や食べ物を渡し、会話をしていた。同僚は「困っている人がいたら助けるのが普通だよ」と語ったという。他の同僚はボランティアで仲間と新しい学校をつくり運営していること、さらにウガンダは難民を多く受け入れていることを知り、貧しい人たちへの支援について再考した。Aは団体訪問プログラムで、授業の最初に物乞いの話をし、もし自分ならどうするかを問う。その後ウガンダの体験を話してから、同じ問いを発すると参加者は「非関与」から「関与」へ意識を再構成するケースが多く見られた。

　マーシャルで小学校教諭をしたBは、間違ったことを教えている年上の教師に

指摘して、それ以降しばらく協働ができなかった経験を話し、相手の尊厳を大事にすることをプログラムで伝えている。多くの協力隊経験者が「葛藤」を経験し、それをプログラムに活かしている。また、来館者のアンケートでは「生活の豊かさだけで幸福度をはかろうとしている自分がいたことに気づき、とても恥ずかしく思った」等のコメントが見られた。このような反応から開発途上国での豊かさに対する見方を再構成したと考えられる。

(3) 考察（インタビュー分析）

　途上国の教育事情についての多くの認識は「現地の人々は知識・能力不足であり、先進国の人々が『教える』ことによって質の向上が図られ、現地の課題が改善される」という構図である。

　団体訪問プログラムの多くの参加者は、事前学習として途上国の「課題」に着目した時点で「貧困、低栄養、低学歴、高犯罪、不幸」など負の要素、特定の知識の情報が導き出され、「途上国＝問題」という図式を構成した状態でプログラムに参加する。しかしながら、協力隊員が途上国での経験を通して得た気付きには、①課題に内在する現地特有の事情、②人々が助け合う社会、③環境に優しい暮らし、などがあり、客観的データには表出されにくい正の要素が存在する。このような状況を疑似体験し、参加者同士で対話することで、それまで頭の中に内包していた「意味」（自分の考える価値観）を探求・再構成していくことが出来る。地球案内人や他の参加者との社会的相互作用を通して試行錯誤しながら知識を「構成」していき、この作業を繰り返すことで、不確実な未来に対応していく「コンピテンシー」の醸成につながると考えられる（図1参照）。

4. 今後の可能性と課題

　本稿では、「JICA地球ひろば」を活用し、参加者が協力隊の体験を疑似体験することで、新たに知識を再構成し、（限定的ではあるが）不確実で予測不可能な時代へ向き合う力を醸成し、教育現場へ寄与する可能性があることを探究した。

　地球案内人が途上国で体験した様々な文化や社会関係の中に見られる事柄は、普遍性と文化尊重主義との葛藤であり、援助という一方向性を内包した活動にお

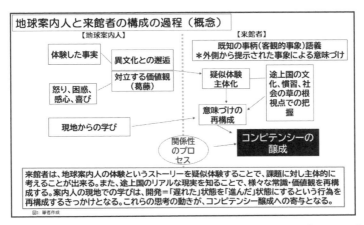

図1　地球案内人とプログラム参加者の構成の過程（概念）【筆者作成】

いて、途上国の異なる思考や幸福感の存在に気づき学ぶ過程が、「双方向」を生じさせ、意味の再構成へつながるのである。

　これまで学校外での教育は、学校内教育とは別枠もしくは学校教育にプラスされるもの（総合学習など）として補足的に位置づけられてきたが、博物館と学校との連携[10]を研究している森茂の「知識観、学習観は、学校における従来の知識教授といった伝統的な学習観を克服する新しい視点と方法を提供してくれる」という見解と同様に、学校現場とJICA地球ひろばの実践が新しい学びの可能性を含蓄しており、これからの未来社会に対応する力を育むことが確認された。SDGs時代の「予測困難で不確実、複雑で曖昧な社会」においては、学校内の教育だけではなく、JICA地球ひろばのような社会教育機関等で、学校内では出会うことのない「（異質な経験をした）異質な人々」と交流する「社会に開かれた教育」が必要であり、それは多様な他者と共に、一人ひとりが持続可能な社会を創る大きな可能性になると思われる。

【注】
1）VUCAとは、volatile, uncertain, complex, ambiguous の頭文字で「予測困難で不確実、複雑で曖昧」の意味である
2）コンピテンシーとは「知識や［認知的、メタ認知的、社会・情動的、実用的な］スキル、態度及び価値観を結集することを通じて、特定の文脈における複雑な要求に適切に対応していく能力」であり、「統合的（holistic）」「文脈に即して捉える（context-based）」アプローチ

を特徴としている。コンピテンシーの議論の契機となった心理学者のマクレランドによれば「異文化間の対人人間感受性」「他者の基本的な尊厳と価値を認める能力」を重視している（白井2020年）。

3）葛藤とは「期待していることが妨害されていると関係者が感じる状態のことである」（Thomas, 1976）

4）青年海外協力隊事業は、独立行政法人国際協力機構（JICA）が実施している事業で、青年（現在20歳〜45歳）を開発途上国に2年間派遣し協力活動（ボランティア）を行う事業である。目的は（1）開発途上国の経済・社会の発展、復興への寄与（2）異文化社会における相互理解の深化と共生（3）ボランティア経験の社会還元の3つである（JICA HP）

5）構成主義的学習とは「所与の知識の個人的獲得ではなく、学習者が他者とかかわりのある多様な活動を通して、意味を構成していく社会的行為」である（広石2005年）。

6）国際協力の分野では、「教育開発」は主に途上国においての教育を支援することに対し、「開発教育」は一般の人々に途上国の課題のことを伝える教育のことを指す。本稿では、国内においては、「教育開発」は国内外を問わず、我々先進国の人々にも必要であるという認識から、この場合の教育開発は途上国への教育のみではなく国内の人々への教育も含む、広義の概念と定義する。そのため本稿のテーマを「SDG s と教育開発」としている。

7）JICA地球ひろばでは、基本展と企画展を交互に実施しており、2015年度初めの基本展開始から2020年度企画展の終了までを対象とした。

8）満足度は、「大変良かった」「良かった」「普通」「悪かった」「とても悪かった」の5段階評価であり、その内、「大変良かった」と「良かった」を選択した割合を示している（数字は小数点1桁以下は切り捨て）。

9）意識変化は「行動しようと思った」「関心が高まった」「少し関心が高まった」「変わらない」の4段階評価であり、その内「行動しようと思った」「関心が高まった」「少し関心が高まった」を意識変化があったと見なした（数字は小数点1桁以下は切り捨て）。

10）教育現場（学校）と博物館の連携の研究をしている森茂は博物館の役割を「従来のような人々を啓蒙するための制度化された『知』の神殿として単に学習の素材を提供するだけの場所」から「意見対立、実験、討論、ワークショップ等の場とみなす『フォーラムとしての博物館』」へと変化しつつあることを指摘している（森茂2009）。

【引用・参考文献】
1）岸磨貴子・久保田賢一『生徒の意識の変容を促す海外との交流学習のデザイン―青年海外協力隊との交流学習の事例から―』2012年
2）合田哲雄『学習指導要領の読み方・活かし方』教育開発研究所　2019年
3）白井俊『OECD Education 2030プロジェクトが描く教育の未来－エージェンシー、資質・能力とカリキュラム』ミネルヴァ書房　2020年
4）津山直樹「博学連携による構成主義的学習の可能性―JICA地球ひろばの展示を活用した単元設計・実践を事例に―」（2019年日本国際理解教育学会第29回研究大会自由研究発表資料）
5）独立行政法人国際協力機構（JICA）HP JICAボランティア事業の概要
2021年6月13日最終閲覧https://www.jica.go.jp/volunteer/outline/index.html
6）広石英記『ワークショップの学び論』日本教育方法学会紀要『教育方法学研究』第31巻2005年
7）森茂岳雄「学校からみた博学連携」中牧弘允・森茂岳雄、多田孝志編著『学校と博物館でつくる国際理解教育―新しい学びをデザインする―』明石書店2009年
8）文部科学省HP『新しい学習指導要領の考え方―中央審議会における議論から改訂そして

実施へ──』 2021年6月13日最終閲覧　https://www.mext.go.jp/a_menu/shotou/newcs/__
icsFiles/afieldfile/2017/09/28/1396716_1.pdf

9 ）Thomas. K. W.（1976）Conflict and conflict management. In M. D. Dunnette（Eds.），The
Handbook of Industrial and Organizational Psycholosy. Chicago, IL：Rand McNally

日本国際教育学会規程集

日本国際教育学会規則

1990 年　8 月　8 日発効
2002 年 11 月 15 日改正
2008 年 11 月 15 日改正
2009 年　9 月 12 日改正
2010 年　9 月 11 日改正
2011 年　9 月 10 日改正
2013 年　9 月 28 日改正
2014 年　9 月 13 日改正
2015 年　9 月 12 日改正
2016 年　9 月 10 日改正
2017 年　9 月　2 日改正
2018 年　9 月 29 日改正
2020 年 10 月 21 日改正
2022 年 10 月 29 日改正

第 1 条　名称

本会は、日本国際教育学会（JAPAN INTERNATIONAL EDUCATION SOCIETY、略称 JIES）と称する。

第 2 条　目的

本会は、国際教育に関する学術研究を行なうことを目的とする。

第 3 条　会員の資格及び構成

本会の目的に賛同する者は何人も会員になることができる。本会は、次に示す会員を以って構成する。

1）正会員（学生会員を含む）

理事会の審査により、研究経歴、研究業績及び所属機関団体がその要件を満たしていると認められた者。正会員中、学生会員とは、大学院生、大学院研究生等であり、理事会の審査で認められた者をいう。ただし、特定国の行政或いは特定機関団体の営利活動など、学術研究の制約される職務に携わる場合は、本人がその旨を申告し、その間、その地位を賛助会員に移すものとする。

2）賛助会員

本会の存在とその研究活動の意義を認め、それへの参加ないし賛助を希望する者、ただし、本人の申告により、理事会の審査を経て、その地位を正会員に移すことができる。

第 4 条　会員の権利義務

1）議決権及び役員選挙権

本会の運営に関する議決権、役員の選挙権及び被選挙権の行使は、正会員に限るものとする。

2）研究活動に参加する権利

正会員及び賛助会員は、研究会における研究発表、研究紀要への投稿、共同研究等、本会の主催する研究活動に参加することできる。

3）会費納入の義務

会員は、所定の会費を納入する義務を負う。会員の地位及び国籍による会費の額は、総会において決定する。会費を滞納し、本会の督促を受け、それより1年以内に納入しなかった会員は、会員の資格を

喪失する。ただし、名誉理事はこの限りでない。会員は、住所等移動の際は速やかに届出るものとし、通知等は届出先に送付すれば到達したものとする。会費滞納者は、本総会議決権を行使することができない。

4）研究倫理の遵守義務

会員は、相互に思想信条の自由を尊重し、本会を特定国の行政或いは特定機関団体の営利活動のために利用してはならない。

5）学会活動における公用語

総会、理事会、その他各種委員会の審議及び正式文書の公用語は日本語とする。ただし、研究会における研究発表、研究紀要への投稿は、この限りでない。

第 5 条　総会

1）本会の研究活動の企画立案及び実施に関わる最高決議機関は、総会である。

2）総会は正会員の過半数の出席を以て成立し、その決議は出席者の過半数の賛成を以て効力を得る。ただし、総会に出席できなかった正会員の委任状を、出席者数に加算することができる。

3）総会が成立しない場合は仮決議とし、総会終了後1ヵ月以内に異議が出されない場合は本決議とみなす。

4）理事会は総会に議案を提出することができる。

5）正会員は、全正会員の十分の一の連名を以て、総会に議案を直接提出することができる。この場合は、総会開催日の1ヵ月以前に同議案を学会事務局宛に提出するものとする。

6）賛助会員は、総会を傍聴し参考意見を述べることができる。

第 6 条　役員及び役員会

総会決議の執行に当たるために、本会に次の役員及び役員会を置く。

1）会長（1名）

会長は理事会において常任理事の中から互選され、任期は2年とする。会長は、年次総会及び臨時総会を開催し、その総会決議の執行に当たる。

2）副会長（1名）

副会長は理事会において常任理事の中から互選され、任期は2年とする。副会長は、会長を補佐し、会長が特段の事情によりその職務を遂行できない場合は、それを代行する。

3）常任理事

常任理事は正会員で会費納入者の中から正会員の投票によって選挙され、任期は2年とする。会長及び副会長を含む常任理事は、理事会を構成し、総会決議の執行に当たる。理事会は常任理事の過半数の出席を以て成立し、その決議は出席者の過半数の賛成を以て効力を得る。

4）特任理事

学会運営に係る特別な任務や学会活動の発展のため、必要に応じて特任理事を置くことができる。特任理事は会長が必要に応じて指名し、理事会が承認する。特任理事は理事会を構成し、総会決議の執行に当たる。任期は2年とする。

5）顧問

本会は顧問を置くことができる。顧問は会長が委嘱し、任期は会長の在任期間とする。

6）名誉理事

本会は必要に応じて名誉理事を置くことができる。名誉理事は理事会が委嘱し、任期は2年とする。名誉理事は、理事会に対し議案を直接提出することができる。その委嘱は会員の地位にはかかわりないものとする。ただし、再任を妨げない。

7）紀要編集委員会（委員長1名、副委員長1名、委員7名、幹事1名）

編集委員長は常任理事の中から、また、委員及び幹事は専門領域を考慮して正会員の中から、それぞれ理事会の議を経て、会長が委嘱する。副委員長は編集委員の中から互選する。委員は、紀要編集委員会を構成し、論文の募集、審査、紀要の編集、発行に当たる。紀要編集規程は、これを別に定める。

8）学会事務局（事務局長1名、事務局次長、事務局幹事若干名）

事務局長は理事の中から理事会の議を経て任命する。また事務局次長及び事務局幹事は会長によって正会員の中から任命される。いずれも任期は会長の在任期間とする。事務局次長及び事務局幹事は、理事会に臨席することができる。会長及び副会長は、事務局長、事務局次長、事務局幹事及び紀要編集幹事と共に学会事務局を構成し、本会運営のための実務遂行に当たる。学会事務局の設置場所は、会長がこれを定める。

9）会計監査（2名）

会計監査は総会において選任し、任期は2年とする。会計監査は、本会の予算執行の適正如何を検査し、その結果を総会に報告する。

10）選挙管理委員会（委員長1名、委員4名）

選挙管理委員会委員長及び委員は総会において正会員及び賛助会員から互選し、常任理事の任期満了に伴う選挙の公示、投票、集計、証拠書類の管理、新常任理事の指名に当たる。任期は当該選挙事務の完了までとする。選挙規程は、これを別に定める。

11）役員の兼務の禁止

総会決議の執行に当たる役員は、特定の定めのある場合を除き、二つ以上の役員を兼務してはならない。

第 7 条　研究委員及び研究協力者の任命

理事会は、共同研究の実施に当たり、その研究課題に応じて、正会員の中から研究委員を委嘱することができる。研究委員は研究委員会を構成し、その合意に基づいて研究協力者を委嘱することができる。

第 8 条　役員の罷免及び会員資格の停止

1）総会決議の執行に当たる役員であって本会の研究倫理の遵守義務に違反した者は、任期途中であっても、本総会において、全正会員の三分の二以上の議決を以て、これを罷免することができる。

2）本会の研究倫理の遵守義務に違反した会員は、総会に出席した正会員の三分の二以上の賛成を以て、その会員資格を停止することができる。ただし、当該会員には、その議決に先だって、自己弁護の

機会を与えるものとする。

第９条　学会賞

1）本会は、会員の研究活動の成果を顕彰し、また研究活動を奨励するために学会賞を設ける。

2）学会賞の選考に関する規則は別に定めるものとする。

第１０条　会期

本会の会期は８月１日から７月３１日とする。本会の会計年度もまた同様とする。

第１１条　本規則の改正

本規則の改正は、総会に出席した正会員の三分の二以上の賛成を以て発議され、全正会員の三分の二以上の賛成を以て実施することができる。

第１２条　細則

本会を運営するに必要な細則は理事会が定め、総会に報告する。

第１３条　学会所在地及び取扱い金融機関

1）学会所在地

日本国際教育学会の第33-34期（2022-23年度）の学会所在地は、〒112-8610　東京都文京区大塚2-1-1　お茶の水女子大学グローバル協力センター　平山雄大気付とする。

2）金融機関

第33-34期中の学会名義の郵便局振替口座（口座名義：日本国際教育学会、口座番号：00130-7-124562）の代表者は、平山雄大とし、同口座の登録住所は、前項の学会所在地とする。

第１４条　設立年月日

本学会の設立年月日は1990年8月8日とする。

第１５条　本規則の発効

本規則は、旧国際教育研究会規則の改正に基づき、1990年8月8日を以て発効する。

附則１　本改正案は2002年11月15日開催の総会終了後より施行する。

附則２　本改正案は2008年11月15日開催の総会終了後より施行する。

附則 3	本改正案は 2009 年 9 月 12 日開催の総会終了後より施行する。
附則 4	本改正案は 2010 年 9 月 11 日開催の総会終了後より施行する。
附則 5	本改正案は 2011 年 9 月 10 日開催の総会終了後より施行する。
附則 6	本改正案は 2013 年 9 月 28 日開催の総会終了後より施行する。
附則 7	本改正案は 2014 年 9 月 13 日開催の総会終了後より施行する。
附則 8	本改正案は 2015 年 9 月 12 日開催の総会終了後より施行する。
附則 9	本改正案は 2016 年 9 月 10 日開催の総会終了後より施行する。
附則 10	本改正案は 2017 年 9 月 2 日開催の総会終了後より施行する。
附則 11	本改正案は 2018 年 9 月 29 日開催の総会終了後より施行する。
附則 12	本改正案は 2020 年 10 月 21 日開催の総会終了後より施行する。
附則 13	本改正案は 2022 年 10 月 29 日開催の総会終了後より施行する。

日本国際教育学会役員選挙規程

1990 年　8 月　8 日発効
2002 年 11 月 15 日改正
2008 年 11 月 15 日改正
2010 年　9 月 11 日改正

第 1 条　目的

本規程は、日本国際教育学会規則（以下、本則という）第6条第10項の規定に基づき、総会決議の執行に当たる役員の選挙を円滑かつ公正に行なうことを目的として制定する。

第 2 条　選挙人及び被選挙人

役員の任期満了4ヵ月以前に入会を認められ、かつ当該会期から起算して3会期以内に会費の納入が確認された全正会員は、選挙人及び被選挙人となることができる。なお、被選挙人の確定後投票締め切り日までに入会を認められ、かつ会費を納入した正会員、あるいは滞納分の会費を納入した会員は、選挙権のみ認められるものとする。

この場合においては、選挙管理委員会の承認を得ることとする。

第 3 条　名簿の作成

選挙管理委員会は、第2条（選挙人及び被選挙人）に基づき、次期役員の選挙にかかわる選挙人及び被選挙人を確定し、その名簿を作成する。

第 4 条　選挙の公示

選挙管理委員会は、役員の任期満了3ヵ月以前に、被選挙人名簿及び選挙管理委員会印を捺した投票用紙を全選挙人に同時に発送し、投票を求める。この発送日を以て選挙公示日とする。

第 5 条　投票用紙への記載

投票用紙への記載は、日本国際教育学会役員選挙規程細則にもとづき、首都圏ブロック、地方ブロック（首都圏ブロック以外）ともにその理事定数以内の連記とする。

第 6 条　投票の形式

投票は、郵送による秘密投票とする。

第 7 条　投票数の確定

投票期間は、選挙公示日から起算して30日以上60日以内の範囲で選挙管理委員会の定めた日までとし、同日までに到着した分を以て締め切り、投票数を確定する。

第 8 条　開票及び集計

選挙管理委員会は、投票数の確定後、速やかに開票し集計を行なう。投票用紙の判読及び有効票の確定は、専ら選挙管理委員の多数決による。

第 9 条　開票作業の公開

開票作業は公開とし、会員は開票作業に立ち会うことができる。ただし、選挙管理委員会は、立ち会い人の数を開票作業の妨げにならない範囲に制限することができる。

第10条　新役員の指名

選挙管理委員会は、その集計終了後、速やかにその結果を口頭及び文書で理事会に報告しかつ当選者を新役員に指名する。ただし、選

挙管理委員長の署名捺印した文書による報告及び指名を正式のもの
とする。

なお、新役員の当選者が学生会員である場合、当該当選者を正会員
とすることをもって、特任理事となることができる。この場合、理
事会による承認を得るものとし、本則第6条第4項にある特任理事の
人数には加えないこととする。

第11条　証拠書類の管理

当該選挙に関わる証拠書類は、選挙管理委員の全員がその内容を確
認し、その目録に署名捺印した上、密封して保存する。ただし、そ
の保存責任者は選挙管理委員長とし、保存期間は新役員の任期満了
までとする。

第12条　欠員の補充

選挙管理委員会は、役員に欠員の生じた場合は、次点の者を繰り上
げて役員に指名する。得票数の同じ次点が複数存在する場合は、抽
選により当選者を決定する。ただし、その任期は、先任者の残りの
任期とする。

第13条　本規定の改正

本規定の改正は、本則第11条に定める改正手続きに準じるものとす
る。

第14条　本規定の発効

本規定は、1990年8月8日を以て発効する。

附則1　　本改正案は2002年11月15日開催の総会終了後より施行する。

附則2　　本改正案は2008年11月15日開催の総会終了後より施行する。

附則3　　本改正案は2010年9月11日開催の総会終了後より施行する。

日本国際教育学会役員選挙規程細則

2010年　9月11日発効
2015年　9月12日改正

第 1 条　正会員の所属ブロック

　　　　1）日本国際教育学会役員選挙規程に定める役員選挙に関わる正会員の所属ブロックは次のとおりとする。

　　　　1.　首都圏ブロック　東京、神奈川、千葉、埼玉

　　　　2.　地方ブロック　首都圏ブロック以外

　　　　2）正会員の所属ブロックは本務勤務地（学生の場合は在籍大学の所在地）とする。勤務先のない正会員の所属ブロックは住所地とする。

第 2 条　理事選出

　　　　日本国際教育学会規則第6条3）に定める理事は、首都圏ブロックと地方ブロックに区分して選出する。

第 3 条　理事定数

　　　　日本国際教育学会規則第6条3）に定める理事定数は、原則として、役員選挙実施年度の3月31日現在の会員数にもとづき、首都圏ブロックおよび地方ブロックの会員数10名につき理事1名の割合で按分し、理事会にて審議決定の上、選挙時に公示するものとする。

第 4 条　投票

　　　　役員選挙は、正会員（学生正会員を含む）が首都圏ブロックに所属する被選挙人のうちから当該ブロックの理事定数分の人数を、地方ブロックに所属する被選挙人のうちから当該ブロックの理事定数分の人数を投票するものとする。

日本国際教育学会慶弔規程

2011年 9月10日発効

第 1 条　顧問、会長、副会長（以上、経験者を含む。）、名誉理事および会員に顕著な慶事があった場合には、学会として、慶意を表す。顕著な慶事および慶意の内容については、理事会において審議し決定する。

第 2 条　学会活動に多大な貢献を行い、継続して学会の発展に寄与したと認められる顧問、会長、副会長（以上、経験者を含む。）、名誉理事および会員が死亡した場合には、学会として、次のような方法により、弔意を表す。弔意を表す対象者およびいずれの方法によるかについては、遺族の意向を尊重しつつ、理事会の助言に基づき、会長等が決定する。

　　　　　1）弔電

　　　　　2）香典（1万円以内）

　　　　　3）献花

　　　　　4）弔辞

　　　　　5）ニューズレターにおける追悼記事

　　　　　6）ニューズレターまたは紀要における追悼特集

附　則　　本改正案は2011年9月10日開催の総会終了後より施行する。

学会賞・奨励賞の選考に関する規則

2012年　9月29日発効

2016年　9月10日改正

第 1 条　**学会賞の名称**

　　　　学会賞の名称を「日本国際教育学会学会賞・日本国際教育学会奨励賞」（以下、賞）とする。

第 2 条　**賞の対象**

　　　　1）学会賞は、本会の会員が発表した国際教育学の顕著な研究業績で、会員から自薦・他薦のあった論文と著作を対象とする。

　　　　2）奨励賞は、1）に準じ、かつ国際教育学の発展に寄与することが期待される萌芽的な研究業績で、会員から自薦・他薦のあった論文と著作を対象とする。

3）会員が自薦・他薦できる研究業績は、会員1人当たり合わせて1点とする。

4）自薦・他薦の対象となる研究業績は、日本国際教育学会紀要『国際教育』に掲載された論文及び国内外において刊行された日本国際教育学会員の研究著書とする。

第3条　賞の選考

1）賞の選考は、日本国際教育学会学会賞選考委員会（以下、選考委員会）が行い、選考結果を会長に報告する。

2）賞の選考は、2年間を単位とし、この間に発表されたものとする。

3）自薦・他薦の方法及び選考方法については選考委員会が別に定める。

第4条　選考委員会

1）選考委員会は委員長、委員4名（副委員長を含む）の5人から構成する。ただし、対象論文と著作の内容によっては、選考委員（査読委員）を追加することができる。

2）委員長は常任理事の中から、また、委員及び幹事は正会員の中から会長が指名し、それぞれ理事会の議を経て委嘱する。副委員長は選考委員の中から互選する。委員のうち1人は紀要編集委員の中から選任する。

3）選考委員会の委員の任期はいずれも2学会年度とする。

第5条　受賞点数

論文と著作の受賞点数は、2年間で合わせて2点ないし3点程度とする。

第6条　賞の授与

1）賞の授与は、会員1人につき論文と著作のそれぞれについて1回を限度とする。

2）賞の授与は、年次大会総会において行う。

3）賞の授与は、表彰のみとする。

第7条　選考委員会への委任

この規則に定めるものの他、必要な事項は選考委員会が決定する。

第 8 条　規則の改定

　　　　本規則の改正については、理事会の議を経て総会の承認を得るもの
　　　　とする。

附則1　　本規則は2012年9月29日より施行する。

附則2　　本改正案は2016年9月10日開催の総会終了後より施行する。

研究大会における自然災害等への対応に関する申し合わせ

2020年10月21日　2020年度総会決定

本学会が主催する研究大会等（年次研究大会や公開研究会）の開催時における自
然災害等への対応については、参加者の安全確保を最優先とし、被害の未然防止
の観点から、開催内容の変更・中止について原則として以下のように定める。但
し、実際の運用にあたっては、大会校の所在地、自然災害等の種類や発生の程度、
公共交通機関の運行状況等により臨機応変に対応する。

１．研究大会の中止等に係る決定及び告知

　自然災害等が発生した場合、参加者の安全を確保し、被害や混乱を避けるため、
学会会長、学会事務局長、大会実行委員長は直ちに協議を行い、研究大会の中止
等を含む対応を決定する。

　なお決定に関する告知は、大会ホームページ、学会ホームページ、および大会
校の受付付近での掲示により行う。

２．対応協議の目安

目安となる時点	対応協議の前提となる状況	原則となる対応
開催日以前	大会会場を含む地域に、特別警報や避難準備にあたる「警戒レベル3」が発令され、大会校最寄り駅を含む区間の全線において鉄道など公共交通機関の計画運休が発表された場合	計画運休時間帯の開催を中止する

	大会会場を含む地域に、特別警報や避難準備にあたる「警戒レベル3」が発令中であるか、大会校最寄り駅を含む区間の全線で鉄道など公共交通機関の運休または運転の見合わせが発生している場合	
開催当日の大会受付開始2時間前までに		午前の開催を中止する
開催当日の午後のプログラム開始2時間前までに		午後の開催を中止する
大会開催中	大会会場を含む地域に、特別警報や避難準備にあたる「警戒レベル3」が発令されるか、大会校最寄り駅を含む区間の全線で鉄道など公共交通機関の運休または運転の見合わせが発生した場合	可能な限り速やかに大会を中止し、以後の当日のプログラムを取り止める

3．状況が回復し大会の開始または再開が可能になった場合

　上記2.の「対応協議の前提となる状況」が回復し、大会の開始または再開が可能になった場合は、大会を開始または再開する。その場合には、原則としてその時間に予定されていたプログラムを実施する。ただし総会は他事に優先する。

4．研究大会の中止・不開催に伴う措置

中止・不開催となった事項	対応措置
総会	別日に総会資料を全会員に示し、審議事項についての意見を1か月間求め、異議がない議案については承認されたものとする。異議が提出された議案については、理事会で対応を協議する。但し、予算に関しては必要に応じて執行する。
研究大会	当日発表予定であった研究発表は、大会要旨集への要旨の掲載をもって大会で発表が行われたものとして扱う。代替日は設けない。 大会参加費については、既に大会準備等で経費が発生していることから返金しないが、大会要旨集は会場で手渡しするか、送付する。
懇親会	懇親会費は原則として返金する。振り込みの場合は、振り込み手数料を差し引いた額を返金する。

5．被害への対応

　開催中に何らかの被害が生じた場合は、学会会長、学会事務局長、大会実行委員長で協議を行い、参加者の安全確保と被害拡大防止に向け、適切な対応を行う。

　参加者の自宅等から会場までの往復経路における事故等に関しては、参加者個

人の責任によるものとし、学会は一切の責任を負わない。

以上

個人情報の取り扱いに係る申し合わせ

2012年 9月29日　2012年度第1回理事会決定

日本国際教育学会規則第4条「会員の権利義務」第2項「研究活動に参加する権利」および第3項「会費納入の義務」に関し、本学会が会の運営のために収集した会員の個人情報の取り扱いに関する申し合わせを次のように定める。

1．収集の目的と対象

　学会の学術研究のための会務および活動を行うため、会員あるいは本学会の活動に参加を希望する非会員から、第2項に定めるような特定の個人が識別できる情報を必要な範囲で収集する。個人情報収集の際は、その目的を明示するとともに、情報の提供は提供者の意思に基づいて行われることを原則とする。

2．個人情報の範囲

　特定の個人が識別できる情報の範囲とは、会員の氏名、所属・職名、生年月日、国籍、連絡先（[自宅住所、自宅電話番号、自宅ファックス番号、自宅電子メールアドレス]、[所属先住所、所属先電話番号、所属先ファックス番号、所属先電子メールアドレス]）、研究領域・テーマ、主な研究経歴・業績、会費納入状況、その他の学会賞の選考や役員選挙等に必要な情報を指す。

3．情報開示の目的

　1）会員の個人情報は、本学会の目的の達成および本学会の運営のため、ならびに会員相互の研究上の連絡に必要な場合に、必要な会員に開示する。開示を受けた会員は前述した目的以外の目的のために個人情報を使用してはならない。

　2）理事、事務局構成員などの役職にある者の氏名と役職名は、本学会ホーム

ページ、紀要、ニューズレター等において開示される。

4．情報開示の範囲

本学会の理事、事務局構成員、各種委員会の委員は、その職務に必要な限りにおいて、本学会が収集した個人情報を本申し合わせ第1項のもとに知ることができる。それ以外の会員は、会員の氏名、所属・職名、国籍、連絡先（［自宅住所、自宅電話番号、自宅ファックス番号、自宅電子メールアドレス］、［所属先住所、所属先電話番号、所属先ファックス番号、所属先電子メールアドレス］）、研究領域・テーマを、情報提供者の同意を原則として、個人情報保護法および関連する諸規則のもとに知ることができる。

5．情報の譲渡

個人情報は原則として会員外への開示および譲渡を禁止する。但し、本学会の運営のため、あるいは本学会の活動の目的達成のために理事会において承認された場合はこの限りではない。また、役員が在任期間中に知り得た会員の個人情報は、その役を退いた時は速やかに適切な方法により破棄することとする。

6．会員名簿の発行と取り扱い

本学会は会員の名簿を発行する。会員名簿は、本学会の活動、役員の選挙、および研究上の連絡のために作成し、必要な情報を提供者の同意のもとに掲載する。同意が得られない場合は、その情報を掲載しない。会員は名簿を第三者に譲渡・貸与してはならない。また、その管理には十分に留意し、紛失等がないようにしなければならない。会員名簿は本学会の運営および研究上の連絡のためにのみ使用する。

7．個人情報の管理・保存・破棄

本学会会員の個人情報は適切に管理し、外部への漏洩、改ざん、または紛失のないようにする。個人情報を記載した文書の保存や破棄については、その内容と種類に応じて理事会で決定する。

8．申し合わせの効力・改正

本申し合わせの改正は理事会の決議を経て行い、会員には本学会ホームページ、紀要、およびニューズレター等で告知する。改正の効力は、改正以前に収集された個人情報に及ぶものとする。

以上

会費納入に係る申し合わせ

2012年 9月29日　2012年度第1回理事会決定

日本国際教育学会規則第4条「会員の権利義務」第3項「会費納入の義務」に関する申し合わせを次のように定める。

1．会費納入と紀要の頒布

会費未納者に対しては、その未納会費の年度に対応する学会紀要の送付を留保する。

2．会費納入と大会・研究会等での発表資格

研究大会および春季研究会における発表申込者（共同研究者を含む場合はその全員）は、会費を完納した会員でなければならない。入会希望者の場合は、発表申込期限までに入会申込を行い、当該大会・研究会開催日までに理事会において入会の承認がなされていなければならない。

3．会費納入と紀要投稿資格

学会紀要への投稿者（共同執筆者がいる場合はその全員）は、投稿締切日までに当該年度までの会費を完納している会員でなければならない。入会希望者の場合は、投稿締切日までに理事会において入会が承認され、当該年度の会費を納入していなければならない。

4．会費納入と退会

退会を希望する会員は、退会を届け出た日の属する年度までの会費を完納していなければならない。退会の意向は学会事務局に書面をもって届け出るものとする。

5．会費納入催告の手続き

会費が3年度にわたって未納となっている会員は、次の手続きにより除籍する。ただし、名誉理事、および日本国外在住の者はこの限りではない。

1）未納2年目の会計年度終了後、当該会費未納会員に対し、会員資格を停止

するとともに会費未納の解消を直ちに催告する。

2）未納3年目の会計年度末までに会費未納を解消しなかった会員の名簿を調製し、翌年度最初の理事会の議を経て除籍を決定する。

3）会費未納による除籍者は、会費完納年度末日をもって会員資格を失ったものとする。

6．会費未納と催告手段

会費が2年度にわたって未納であり、届け出られた連絡先への連絡をはじめとし、いかなる手段によっても連絡が取れない会員については、前項の規定にかかわらず会費完納年度末日をもって除籍とする。

7．会費納入期限

本学会の会期は8月1日から7月31日であり、会計年度もまた同様である。会員は、新年度の会費をなるべく9月末日までに払い込むものとする。

8．会費払込額の過不足の取り扱い

会費は、規定額を払い込むものとする。払込額が当該年度会費に満たない場合は、追加払込により満額になるまでは未納として扱う。払込額が当該年度会費の規定額を超過していた場合には、次年度以降の会費に充当する。

9．本申し合わせの効力・改正

本申し合わせの改正は理事会の決議を経て行い、会員には本学会ホームページ、紀要、およびニューズレター等で告知する。

以上

学会費及び振込先

会員の種類	年額（日本円）
正会員	10,000 円
賛助会員	7,000 円
学生会員	6,000 円
紀要定期購読	3,000 円
郵便振替口座	
口座名義	日本国際教育学会
口座番号	00130-7-124562
ゆうちょ銀行	
金融機関コード	9900
店番	019
預金種目	当座
店名	○一九（ゼロイチキユウ）
口座番号	0124562

日本国際教育学会紀要編集規程

                                                1990年11月25日　創立総会決定
                                      2005年11月12日　第15回総会一部改正
                                      2011年 9月10日　第22回総会一部改正
                                        2012年 9月29日　総会一部改正

第 1 条　目的
　　本規程は、日本国際教育学会規則（以下、本則という）第6条第5項
　　の規定に基づき、紀要編集を円滑かつ公正に行い、学術水準の維持
　　と向上を図ることを目的として制定する。

第 2 条　編集委員会
　　1）編集委員会を構成する者の任期は2年とする。ただし、再任を妨
　　　げない。
　　2）編集委員長は、編集委員会の召集、司会、及び本規程で別に定め
　　　る任務の遂行に当たる。ただし、委員長が特別の事情によりその
　　　任務を果たせない場合は、副委員長がこれを代行する。
　　3）編集委員会は、編集委員長及び副委員長を含む編集委員の過半数
　　　の出席を以て成立する。ただし、編集委員会に出席できない委員
　　　の委任状を出席者数に加算することができる。
　　4）編集委員会は、それに欠員の生じた場合は、直ちに理事会に補充
　　　を要請するものとする。

第 3 条　審査権及び編集権
　　編集委員会は、投稿ないし寄稿原稿の審査及びその編集に関わる一
　　切の権限を有しその義務を負う。原稿の審査及び採否の決定は、専
　　ら編集委員会の合議による。また、編集委員会は、投稿（寄稿）者
　　等との間で、紀要出版に関わる協定を締結するものとする。協定内
　　容については別に定める。

第 4 条　紀要の名称

紀要の正式名称を『日本国際教育学会紀要』とする。ただし、編集委員会は、その編集方針ないし企画に応じて、表紙に特定の標題を掲げることができる。

第 5 条　紀要の内容

紀要の内容は、論文、研究ノート、調査報告、教育情報、書評、資料紹介、その他を以て構成する。

第 6 条　投稿及び寄稿

1）正会員及び賛助会員は、論文、研究ノート、調査報告、教育情報、資料紹介の全てについて自由投稿の権利を有する。非会員が投稿を希望する場合は、予め入会を申し込まなければならない。投稿要領は、これを別に定める。

2）編集委員会は、その編集方針ないし企画に応じて、会員及び非会員に寄稿を依頼することができる。

3）編集委員会を構成する者の投稿は妨げない。

第 7 条　審査手続き

審査は、次に示す第1段審査と第2段審査からなる。

（1）第1段審査

1）投稿論文は、第1段審査を経なければならない。

2）第1段審査は、投稿者の氏名及び所属を伏せて行う。

3）編集委員長は、編集委員の中から専門性を考慮して各論文につき2名の審査担当者を指名する。ただし、編集委員の中に適任者を欠く場合は、その1名を編集委員以外の会員ないし非会員に委嘱することができる。

4）編集委員会を構成する者の投稿論文の審査については、その審査担当者は1名を編集委員以外の会員ないし非会員に委嘱しなければならない。

5）編集委員長は、論文の原本を保管し、投稿者の氏名及び所属を伏せた論文複写を2名の審査担当者に送付する。

6）審査担当者は、相互に独立して審査を行い、その審査結果を文

書として編集委員会に提出する。

7) 編集委員会は、審査担当者の提出した文書に基づき合議し、採否を決定する。

8) 編集委員会を構成する者の投稿論文の審査に際しては、投稿者の同席を認めない。

9) 採択が期待される原稿であって、なお再考ないし修正を要する箇所があると判断されるものについては、それに条件を付して採択することができる。

(2) 第2段審査

1) 第1段審査において条件を付して採択された投稿論文と研究ノート、及び寄稿論文、調査報告、教育情報、資料紹介は、第2段審査を経なければならない。

2) 第2段審査は、投稿者ないし寄稿者の氏名及び所属を明示して行うことができる。

3) 第1段審査において条件を付し採択された投稿論文については、再考ないし修正の結果を審査し、採否を最終決定する。

4) 編集委員会の依頼による寄稿論文については、前項(1)の3)、6)、7)及び9)の審査手続きに準じて審査する。

5) 調査報告、教育情報、資料紹介については、編集委員長を審査担当者として審査を行い、編集委員会の合議により採否を決定する。ただし、採択に際して、再考ないし修正の要求等、必要な条件を付することができる。

第 8 条　採否の通知及び証明

編集委員会は、採否が最終決定した原稿については、投稿者ないし寄稿者にその旨通知しなければならない。また、委員長は、採択が最終決定した原稿については、投稿者ないし寄稿者の求めがあれば、その証明を発行することができる。

第 9 条　倫理規定

1) 寄稿依頼については、専ら専門的学識ないし社会的実績を基準とし、特定の社会集団に偏らないよう配慮して、編集委員会の合意

によりなされなければならない。

　　2）編集委員会は、投稿ないし寄稿原稿のいずれに対しても、その審査過程において加筆や修正を施してはならない。

　　3）守秘義務

　　　　編集委員会は、投稿者ないし寄稿者の利益と名誉に配慮し、原稿の内容、審査の経過及び結果の全てに関し守秘義務を負う。

　　4）不服申し立てに対する回答

　　　　編集委員会は、原稿の審査及びその編集について不服の申し立てがあった場合は、文書により必要な回答を行うものとする。ただし、その回答は、編集委員会の総意に基づき、委員長ないし審査担当者が行い、回数は2回以内に限るものとする。

　　5）偽作、盗作、二重投稿等の事実が判明した場合は、採択ないし掲載の事実を取り消し、その旨を告知する。

第10条　刊行及び頒布

　　　紀要の刊行は原則として毎年度1回とし、有償頒布するものとする。ただし、正規の会費を納入した会員及び理事会が必要と認めた機関、団体、個人に対しては無償配布とする。

第11条　著作権

　　　紀要に掲載された論稿等については、その著作権のうち、複製権（電子化する権利を含む）、公衆送信権（公開する権利を含む）は、これを日本国際教育学会が無償で保有するものとする。

第12条　記事の転載

　　　第11条および第12条第1項の規定にかかわらず、次の各号に定める場合には、紀要に掲載された論稿等の著作者は本学会の許諾を得ることなくその著作物を利用できるものとする。ただし、いずれの場合も、出典（掲載誌名、巻号、出版年、ページ）を明記しなければならない。

　　(1) 掲載誌発行日より1年を経過したものを著作者が著作物を著作者自身による編集著作物に転載する場合。

　　(2) 掲載誌発行日より1年を経過したものを著作者の所属する法人も

しくは団体等のウェブサイトに転載する場合（機関リポジトリへ
の保存および公開を含む）。

第13条　本規定の改正
　　　　本規定の改正は、本則第9条に定める改正手続きに準じるものとする。

第14条　本規程の発効
　　　　本規程は、1990年11月25日を以て発効する。

Provisions for Editing Bulletins of the Japan International Education Society

Article 1   **Objective**

The objective of these provisions is to maintain and improve the academic standard by means of conducting smooth and fair editing of the bulletin under the regulations of the Japan International Education Society (hereinafter called Main Provisions), Article 6 Paragraph 5.

Article 2   **Committee for Editing Bulletins**

1) The term of office designated for persons constituting the Committee shall be two (2) years and they may be re-elected.

2) The chairman of the Committee shall perform his or her duties such as calling Committee, presiding over the meeting and other duties separately specified in these Provisions, provided however, that if he or she cannot perform the duties due to any particular circumstances, the vice-chair man shall perform the duties in their place.

3) The quorum required for the Committee shall be a majority of the Committee members present, including the chairman and the vice-chairman of the Committee, however, letters of proxy submitted by regular members who cannot be present at the meeting may be added to the number of those present.

4) In the event of any vacancy of members, the Committee shall immediately request the Board of Directors to fill up such vacancy.

Article 3   **Rights to Examination and Editing**

The Committee shall be authorized to conduct any and all operations involved with the examination and the editing for manuscripts contributed, and shall have obligation to perform this. The examination and the decision of adoption shall be made by mutual consent. The Committee shall make an agreement with the contributor about the publication of their manuscript in the Bulletin. The contents of the agreement shall be decided and provided separately.

Article 4   Name of Bulletins

The official name of the bulletin shall be the "Bulletin of the Japan International Education Society". The Committee is entitled to bear any particular title on the surface cover in accordance with the editorial policy and its planning.

Article 5   Contents of Bulletin

Contents of the bulletin shall be composed of treatises, survey reports, educational information, book reviews, introduction of data, and others.

Article 6   Contributions

1) The regular and supporting members shall have the right of contribution without any limitation with regard to any kind of treatises, survey reports, educational information, introduction of data and others. If any non-member wishes to contribute, he or she should make a prior application for admission. The contribution procedures shall be provided separately.

2) The Committee is entitled to request for any contribution from the members or non-members according to the editorial policy and planning.

3) The contribution by members constituting the Committee shall not be restricted.

Article 7   Proceeding for Examination

The examination is composed of two stages, a first and second stage of examination.

(1) The first stage of examination

1) Every treatise contributed shall pass firstly through a first stage of examination.

2) The first stage of examination shall be conducted keeping contributor's names and their groups secrete.

3) The chairman of the Committee shall designate two (2) persons in charge of examining each treatise from the Committee members taking account of their professional area.

However, if any member is not qualified to be an examiner, the chairman is entitled to entrust the duty with any other member not belonging to the

Committee or with any other non-member as one of two such members for examination.

4) In examining the treatise contributed by members of the Committee, one of examiners with whom the examination is entrusted must be a member other than the Committee or be a non-member.

5) The chairman of the Committee shall keep the original treatise and deliver two (2) copies of such treatise to two (2) examiners with contributor's names confidential.

6) Persons in charge of examination shall examine papers independently from each other, and submit the results in writing to the Committee.

7) The Committee shall hold a meeting to determine the adoption of said document by mutual consent presented by such examiners.

8) Any contributor who is a member of the Committee shall not be permitted to be present in examination of his or her treatise.

9) If any treatise is recommended to be adopted but part of which is required to be reconsidered or modified at the discretion of the Committee, the treatise may be adopted conditionally with due regard to such part.

(2) The second stage of examination

1) Any such treatise adopted conditionally, and survey report, educational information, and introduction of data, shall pass through the second stage of examination.

2) The second stage of examination shall be conducted with contributor's names and their group names disclosed expressly.

3) With reference to the contributed treatise adopted conditionally at the first stage of examination, such a part reconsidered or modified shall be examined to determine finally whether it should be adopted.

4) Any treatise contributed through the request from the Committee shall be examined subject to the examination proceedings specified in the preceding paragraphs (1) 3), 6), 7) and 9).

5) Survey reports, educational information, and the introduction of data shall be examined by the chairman of the Committee as chief examiner,

and the adoption shall be determined by mutual consent of the Committee, provided that any additional conditions necessary for it' s adoption may be established such as the request for reconsideration or modification.

Article 8   Notification and Certificate of Adoption

Upon finally deciding to adopt the manuscript, the Committee must notify the contributor of said adoption. The chairman of the Committee may also issue its certificate upon request from the contributor for said manuscript as finally determined in the adoption.

Article 9   Ethical Provisions

1) The request for contribution shall be made under agreement among members in the Committee exclusively based on the special scholarship or social results, while taking care not to have a bias toward any particular group.

2) The Committee shall not add any matter nor introduce any modification to the manuscripts under examination.

3) Secrecy maintenance

The committee shall maintain its secrecy obligation for any and all contents of manuscripts, the progress of the examinations, and the results for the benefit and the honor of contributors.

4) Reply to raised objection

The Committee shall make a necessary reply in writing to any objection raised against the examination and the editing of the manuscripts. However, the reply shall be given by the chairman of the Committee or examiners in charge based on the unanimous agreement of the Committee but limited up to two times per manuscript.

5) Should it turn out that the manuscript is counterfeit, plagiarized or one which has been published already or is under consideration for publication elsewhere, its adoption or publication shall be withdrawn and the fact will be made public.

Article 10   Publication and Distribution

The bulletins shall be published once a year in principle with charge, provided that they are distributed free of charge to any member who have duly paid the members fee or to such institutions, groups or individuals as particularly approved by the Board of Directors.

Article 11   Copyright

With regard to the copyright of articles carried in the bulletins, the Society holds the right of reproduction (including the right to digitize articles) and the right of public transmission (including the right to make articles public) without compensation.

Article 12   Reprint of Articles

Notwithstanding the provisions of Article 11 and paragraph (1) of Article 12, authors who fall under any of the following items can reproduce their articles carried in the bulletins without any consent from the Society. However, in either case below, the name of the bulletin, volume and issue number, year of the publication, and page numbers should be specified.

(1) If an author wishes to reprint his or her article in a book he or she is currently writing or editing, after one year has elapsed since the publication of the original articles.

(2) If an author wishes to reproduce his or her article on the web site of the institution he or she is affiliated with, after one year has elapsed since the publication of the original articles (including archiving and publications in the institution's repository).

Article 13   Amendment of These Provisions

Any amendment of these Provisions shall be subject to the procedure for amendment stipulated in Article 9 of the Main Provisions.

Article 14   Effective Date of These Provisions

These Provisions shall be effective on and after November 25, 1990.

日本国際教育学会紀要『国際教育』第29号投稿要領

　日本国際教育学会紀要編集委員会では『国際教育』第29号の発刊に際し、自由投稿研究論文、研究ノート、調査報告、教育情報、資料紹介を募集いたします（2023年3月1日必着）。投稿希望の会員は以下の要領にしたがって投稿して下さい。なお、投稿原稿の募集に関しては、本学会公式ウェブサイト（http://www.jies.gr.jp/）の「学会紀要」のページで「編集規程」および「投稿要領」に関する最新情報を必ず確認するようにして下さい。

１．投稿要領（論文・その他）
（１）投稿資格
　　　投稿資格は、日本国際教育学会の会員に限られる。投稿に際して、入会審査が完了していること、当該年度の会費を完納していることが投稿の条件となる。
（２）投稿論文（等）のテーマ
　　　論文（等）のテーマは日本国際教育学会活動の趣旨に沿うものとする。
（３）投稿原稿の要件
　　①　投稿原稿は、口頭発表の場合を除き，未発表のものに限る。
　　②　使用言語は、日本語、英語、中国語のいずれかとする。
　　③　他の学会誌や研究紀要などへの投稿原稿と著しく重複する内容の原稿を本誌に併行して投稿することは認めない。
　　④　前号に論文（等）が採用された者の連続投稿は原則として認めない。
　　⑤　本投稿要領に反する原稿は受理できない。
（４）投稿原稿の種類
　　①　研究論文：国際教育に関する理論的知見を伴う研究成果であり、独創性のある実証的または理論的な論考。
　　②　研究ノート：論文に準じ、断片的に得られた研究成果や調査成果であり、特に新しい知見、萌芽的な研究課題、少数事例、新しい調査・研究方法、などの発見・提起に関する考察で発展性のあるもの。
　　③　調査報告：国際教育に関する調査の報告であり、調査の目的と方法が明確で、なおかつ調査結果の分析と解釈が妥当で資料的価値が認められるもの。
　　④　教育情報：国際教育の参考となる研究・実践・政策等に関する情報で、

速報性と話題性の観点から研究上の価値が認められるもの。

⑤ 資料紹介：国際教育の参考となる資料の紹介であり、国際教育の研究と実践においてその資料を広く共有することの意義が認められるもの。

（5）原稿の様式

① 原稿は、図や表、脚注を含めて全て横書き、ワープロ書き、10.5 ポイントとし、A4 判用紙を使用することとする。

② 和文、中文は、1行40字×40行（1,600字）で印字する。英文はダブル・スペース22行とする。

③ 執筆分量は下表の通りとする。

投稿原稿の別	ページ数制限
研究論文（Research Paper）	和文 10 ページ以内 英文 23 ページ以内 中文 6 ページ以内
研究ノート（Research Note）	和文 8 ページ以内 英文 19 ページ以内 中文 5 ページ以内
調査報告（Research Report） 教育情報（Research Information） 資料紹介（Data）	和文 5 ページ以内 英文 15 ページ以内 中文 3 ページ以内

④ 英文原稿は American Psychological Association's Manual of Style, 7th Edition に準拠する。

⑤ 日本語及び英語でキーワード（それぞれ5つ以内）を挙げる。

⑥ 題目は12 ポイントとし、日本語・中国語の場合は副題も含めて30字以内、英語の場合は15 words 以内とする。

⑦ キーワードの後、1行あけて、本文を執筆する。

⑧ 「注」と「引用・参考文献」は分けて記述する。「注」は注釈として用い、「引用・参考文献」は論文で用いた文献リストを論文末に挙げること。

〈表記例〉

【注】

1）本稿では○○の対象を△△に限定する。

【引用・参考文献】

日本国際教育学会創立20周年記念年報編集委員会編（2010）『国際教育学の展開と多文化共生』学文社。

〈本文中の引用文献の表記例〉

文中の場合：伊藤（2004）によれば・・・

文末の場合：・・・（伊藤 2004, p. 10）。

⑧ 原稿にはページ番号を付す。

⑨ 審査の公平を期するため、提出する原稿において「拙著」「拙稿」の表現や、研究助成や共同研究者・研究協力者等に対する謝辞など、投稿者名が判明するような記述は行わない。

⑩ 投稿に際しては、十分に推敲を行うこと。特に外国語を使用する場合、誤字・誤記あるいは文法的誤りのないように十全の準備を行い投稿すること。

（6）原稿送付方法

① 投稿の際は、以下の3点（投稿原稿、要旨・日本語訳、別紙＜A4判、投稿原稿種の区分と連絡先＞）の電子ファイルを、原則としてemailにて下記アドレスに提出する。

② 原稿は、Microsoft Word（拡張子docもしくはdocx.）にて作成し、無記名で提出する。

③ 和文論文には英語500語以内の要旨、英語・中国語論文には日本語の要旨（A4×1 枚以内。字数は上記規定に準拠する）をMicrosoft Word（拡張子docもしくはdocx.）にて作成し、無記名にて提出する。英文要旨にはその日本語訳をつける。

④ 別紙（A4判）に、1) 投稿原稿種の区分、2) 原稿の題目、3) 氏名（日本語・英語）、4) 所属・職名（日本語・英語）、5) キーワード、6) 連絡先（住所、電話、メールアドレス）を記入して提出する。

⑤ 提出後の原稿の差し替えは認めない。また原稿は返却しない。

⑥ 投稿する論文（等）と内容の面で重複する部分を含む論文（等）を既

に発表ないし投稿している場合は、その論文（等）のコピーを1部添
付する（郵送可）。

（7）原稿送付期限

投稿原稿は2023年3月1日（必着）までに、紀要編集委員会宛に提出するも
のとする。投稿原稿は、紀要編集委員会において審査を行い、採択、修正の
うえ再審査、不採択が決定され、投稿者に通知される。再審査の場合、定め
られた期間内での原稿修正の権利が与えられる。

2．問い合わせ先／原稿送付先

　・日本国際教育学会紀要編集委員会
　　E-mail: jies.hensyu2324@gmail.com
　・日本国際教育学会紀要編集委員会委員長　澤田敬人
　　〒422-8526　静岡市駿河区谷田52-1
　　静岡県立大学国際関係学部　澤田敬人気付
　　E-mail: sawada@u-shizuoka-ken.ac.jp

※論文提出後3日以内に受領確認メールが届かない場合は、上記編集委員会に必
ず問い合わせてください。

ADDITIONAL GUIDELINES FOR ENGLISH MANUSCRIPTS
CALL FOR PAPERS: JOURNAL of INTERNATIONAL EDUCATION, Volume 29

Submissions to the 29th edition of the Journal of International Education are now being accepted, with a deadline of March 1, 2023. Authors making submissions in English should review the following guidelines. Any manuscripts not conforming to this procedure will not be accepted. Authors should also refer to the latest version of this procedure in addition to the Provisions for Editing Bulletins of JIES on the JIES website (http://www.jies.gr.jp/) before submission.

1. Conditions for accepting manuscripts
   (1) Manuscripts must be original work of the author(s).
   (2) Journal of International Education (JIE) considers all manuscripts on the strict condition that they have been submitted only to JIE, that they have not yet been published, nor are they under consideration for publication elsewhere.
   (3) Authors whose papers were accepted in the previous year cannot submit in the present year.
2. Submission
   (1) Papers should be double spaced, submitted on A4-size paper, and contain twenty-two lines per page. Margins on the top, bottom, and sides should be no shorter than 2.5 centimeters (i.e., one inch). The title should be typeset in 12pt font in 15 words and the body of the paper should be typeset in 10.5pt font. Papers, when properly formatted, must not exceed the size limits stated for the paper categories as follows:

Submission category	Size Limit
Research Paper	23 pages, including all text, references, appendices, and figures.
Research Note	19 pages, including all text, references, appendices, and figures.
Research Report	15 pages, including all text, references, appendices, and figures.
Research Information	15 pages, including all text, references, appendices, and figures.
Data	15 pages, including all text, references, appendices, and figures.

(2) A key word (within 5 of each) should be mentioned in Japanese and English. And,"Note" and "reference" should be separated and described. "Note" is employed as a notation. "Quotation and reference book" mention the document list used by a thesis at the thesis end..

<Example>
[Note]
1) · · ·
2) · · ·

[Quotation and reference book]
Smith, J. (2000). *The educational challenges of the new century*. New York: Broadway Publishing.
Pavil, S. (1997). Capitalizing on cultural capital: The movement of knowledge through corporations.
Harvard Business Journal, 14 (1), 654-675.

<Example of cited literature in the thesis>
In case of Bunchu ： According to Smith(2004).
In case of the end of sentence: ： (Smith, 2004, p. 10).

(3) We require that manuscripts be submitted to Editorial Office's email address (jies. hensyu2324@gmail.com). If contributors are unable to access email, we will accept disk/CD/USB Flash submissions by mail at the address below.

(4) A cover sheet should include the category of the manuscript (choose one from this list: research paper; research note; research report; research information; data), title, author's name, author's affiliation, key-words, mailing address, telephone/ fax number, and e-mail address.

(5) A completed manuscript should be submitted and cannot be returned or replaced once submitted.

(6) All English manuscripts must include a Japanese abstract that is no longer than one page in length (A4 size).

(7) For pagination, use Arabic numerals.

(8) The manuscripts should not have any textual references to the author(s). References to the author's names should be blacked out. The acknowledgements should not be included at the time of submission.

3. Style and format

For general guidelines on appropriate style and format, please refer to the Publication Manual of the American Psychological Association, 7th Edition.

Example:

Smith, J. (2000). *The educational challenges of the new century.* New York: Broadway Publishing.

Pavil, S. (1997). Capitalizing on cultural capital: The movement of knowledge through corporations. *Harvard Business Journal,* 14 (1), 654-675.

4. Decision to accept

All manuscripts will be accepted without revisions; accepted conditionally, with stipulations for more revisions; or rejected. In the case of conditional acceptance, the Editorial Committee reserves the right to reject a manuscript after revisions have been made if revisions are deemed insufficient.

5. All authors are encouraged to have their manuscript copy-edited before submitting the paper, especially authors for whom English is a foreign language. Writers who submit manuscripts that have typographical and/or grammatical errors risk having their papers rejected.

Please send all submissions by e-mail to:

Editorial Office: jies.hensyu2324@gmail.com

Takahito Sawada, Ph.D.

School of International Relations, University of Shizuoka

52-1 Yada, Suruga-ku, Shizuoka-shi, 422-8526, JAPAN

E-mail: sawada@u-shizuoka-ken.ac.jp

You will receive an email confirmation stating that your manuscript has been submitted. If you do not receive this in 3 days, please contact the editorial office by e-mail (jies.hensyu2324@gmail.com) .

公開シンポジウム・課題研究の報告（依頼原稿）要領

1．原稿分量

　　字数は1原稿4,320字以内（厳守）。　＊学会誌の様式で4頁分となります。

2．原稿の様式

（1）原稿は、図や表、脚注を含めて全て横書き、ワープロ書き、10.5ポイントとし、Ａ4判用紙を使用する。

（2）1行40字×40行（1,600字）で印字する。

（3）「注」と「引用・参考文献」は分けて記述してください。「注」は注釈として用い、「引用・参考文献」は論文で用いた文献リストを論文末に挙げる。

〈表記例〉

【注】

1）本稿では○○の対象を△△に限定する。

【引用・参考文献】

日本国際教育学会創立20周年記念年報編集委員会編（2010）『国際教育学の展開と多文化共生』学文社。

〈本文中の引用文献の表記例〉

文中の場合：伊藤（2004）によれば・・・

文末の場合：・・・（伊藤 2004, p. 10）。

（4）原稿にはページ番号を付す。

（5）編集委員会で様式の確認はするが、依頼原稿のため査読はない。

3．提出期日：2023年4月末日【必着】

4．提出方法：司会者（企画責任者）が取りまとめ，一括して提出する。

5．提出先：日本国際教育学会紀要編集委員会

　　　　　委員長　澤田敬人宛

　　　　　jies.hensyu2324@gmail.com

Writing reports on public symposiums and task-oriented research (commissioned manuscripts): an overview

1. Manuscript volume
Each manuscript has a strict limit of 60 lines. *This is 4 pages in the format employed by the bulletin.

2. Manuscript format
(1) Manuscripts should be entirely in horizontal text, including diagrams, charts, and footnotes.
(2) Manuscripts should be double spaced, submitted on A4-size paper, and contain twenty-two lines per page. Margins on the top, bottom, and sides should be no shorter than 2.5 centimeters (i.e., one inch). The title should be typeset in 12pt font in 15 words and the body of the paper should be typeset in 10.5pt font.
(3) Please list "notes" and "citations and references" separately. "Notes" are to be used for comments, and "citations and references" for a list of publications used for the article, placed at the end of the text.
[Example of notation]
Notes
1. In this manuscript, the subject of X is limited to Y.

Citations and references
Japan International Education Society 20th Anniversary Commemorative Annual Report, Editorial Board (ed.) (2010), "The development of international education studies and multicultural coexistence", Gakubunsha

[Example of inclusion of reference materials in the body text]
Within a sentence: "According to Ito (2004), ⋯"
At the end of a sentence: (Ito, 2004, p.10).
(4) The manuscript should include page numbers.
(5) The Editorial Board will check the format, but since these are commissioned manuscripts, there will be no reviews.

3. Submission deadline: Final day of April, 2023 [Deadline for manuscripts to arrive]
4. Submission method: A member of the Society (responsible for planning) will collect the manuscripts and submit them together.
5. Submit to: Editorial Office: jies.hensyu2324@gmail.com

日本国際教育学会役員一覧（第33〜34期）

役職	氏名	所属	担当
会長	佐藤 千津	国際基督教大学	———
副会長	Zane Diamond	Monash University	———
理事	赤尾 勝己	関西大学	研究大会（第34回）
同	岩﨑 正吾	首都大学東京（名誉教授）	規程
同	呉 世蓮	関東学院大学	事務局（総務）
同	太田 浩	一橋大学	組織
同	大谷 杏	福知山公立大学	Newsletter
同	小川 佳万	広島大学	研究大会（第35回）
同	栗栖 淳	国士舘大学	研究
同	Jeffry Gayman	北海道大学	国際交流
同	澤田 敬人	静岡県立大学	紀要
同	下田 誠	東京学芸大学	規程
同	玉井 康之	北海道教育大学	組織
同	新関ヴァッド郁代	産業能率大学	事務局（広報）
同	服部 美奈	名古屋大学	学会賞
同	平山 雄大	お茶の水女子大学	事務局（事務局長）
同	前田 耕司	早稲田大学	リエゾン
同	吉田 尚史	福岡女学院大学	研究
同	楊 武勲	国立暨南国際大学	国際交流

編 集 後 記

　紀要第28号をお届けいたします。本号には、研究ノート1本、教育情報1本、調査報告1本、書評2本、図書紹介3本、第32回研究大会報告（公開シンポジウム、課題研究Ⅰ、課題研究Ⅱ）を掲載しております。一昨年度は新型コロナウィルスの感染拡大により、第31回研究大会の開催中止を余儀なくされましたが、昨年度は2021年10月9日と10日の2日間にわたり、第32回研究大会＜学会創立30周年記念＞（オンライン方式）を開催することができました。そのため本号では、第32回研究大会の記録を掲載しております。執筆者の皆様にはご多忙の中、原稿を執筆していただき、心から感謝申し上げます。

　今回は、研究論文1本、研究ノート5本、教育情報1本、調査報告1本の投稿がございました。二段階の厳正な審査を経て、このような結果になりました。例年に比べて研究論文の投稿が少なかった背景には、2020年冬に始まった新型コロナウィルスの感染拡大により、数年にわたり海外調査を断念せざるを得ない事態が続いていることが要因の一つにあるように思います。近い将来、再びコロナ禍以前のように、自由に海外調査を実施することができる日が来ることを願うばかりです。

　査読者の方々には、ご多忙のなか大変丁寧に査読をしていただき、貴重なご意見やご助言をいただきました。長引くコロナ禍の厳しい状況のなかでご多忙を極めていらっしゃるにもかかわらず紀要編集のために多くのお時間を割いていただき、本当にありがとうございました。また、今回は残念ながら採択に至らなかった論文の投稿者の方々を含め、次号にも多くの会員の皆さまからの積極的な投稿をお待ちいたしますので、どうぞよろしくお願いいたします。投稿に際しては投稿要領をご確認のうえ、ご不明な点がございましたら編集委員会事務局までお問合せください。

　編集委員会に関しましては昨年度に引き続き、コロナ禍であることを鑑みてすべてオンラインで開催させていただきました。来年度はウィルスの拡大も収まり、研究大会や委員会が対面で開催できるようになることを願うばかりです。

　最後となりましたが、学事出版株式会社の花岡萬之代表取締役社長、本号をご担当くださいました丸山英里様、ならびに学会執行部（佐藤千津会長、佐藤秀樹事務局長、理事の皆様）、編集委員会の皆様のお力添えにより、無事に本号を刊行することができました。厚く御礼申し上げます。また、表紙の写真を提供してくださった石井由理編集委員、英文校閲を担当してくださったEmma Parker氏にも重ねて御礼申し上げます。

（紀要編集委員長　服部美奈）

日本国際教育学会紀要編集委員会
（2021年〜2022年）

委 員 長	服 部 美 奈	（名古屋大学）
委　　　員	秋 庭 裕 子	（一橋大学）
	石 井 由 理	（山口大学）
	岩 﨑 正 吾	（首都大学東京・名誉教授）
	小 野 寺 香	（奈良女子大学）
	黒 田 千 晴	（神戸大学）
	玉 井 　 昇	（独協大学）
	森 岡 修 一	（大妻女子大学・名誉教授）
編集幹事	中 田 有 紀	（東洋大学・客員研究員）
英文校閲	Emma Parker	

「国際教育」第28号
編集者：日本国際教育学会『国際教育』編集委員会
発行者：日本国際教育学会
　　　　＜学会事務局＞
　　　　〒112-8610　東京都文京区大塚2-1-1
　　　　お茶の水女子大学グローバル協力センター　平山雄大気付
　　　　＜『国際教育』編集委員会事務局＞
　　　　E-mail：jies.hensyu2122@gmail.com
　　　　〒464-8601　名古屋市千種区不老町
　　　　名古屋大学大学院教育発達科学研究科　服部美奈気付
　　　　E-mail：s47544a@cc.nagoya-u.ac.jp
印刷所：学事出版株式会社
　　　　〒101-0051　東京都千代田区神田神保町1-2-5
発行日：2022年9月1日